NOTES SUR LES RESSOURCES DÉFENSIVES

DE LA GRANDE-BRETAGNE.

Paris. — Imp. de H. Vrayet de Surcy et Ce, rue de Sèvres, 37.

NOTES

SUR LES

RESSOURCES DÉFENSIVES

DE

LA GRANDE-BRETAGNE

Suivies de quelques idées sur l'organisation d'une Artillerie de la Milice.

PAR

Le Capitaine FYERS,
Du Corps royal de l'Artillerie.

TRADUIT DE L'ANGLAIS PAR **V.-A. DE MANNE,** CAPITAINE D'ARTILLERIE.

PARIS,
LIBRAIRIE MILITAIRE, MARITIME ET POLYTECHNIQUE
DE J. CORRÉARD,
LIBRAIRE-ÉDITEUR ET LIBRAIRE-COMMISSIONNAIRE,
Rue Christine, 1.

1853.

Les **TROIS ARMES**, par le Colonel Decker. Traduit en français par le Capitaine d'artillerie V.-A. De Manne. — Paris, Corréard, 1851. In-8°.

AVANT-PROPOS DU TRADUCTEUR.

En livrant à la publicité cette traduction, nous n'avons d'autre but que de jeter un nouveau jour sur la question brûlante d'une rupture éventuelle entre la France et l'Angleterre qui a paru préoccuper nos voisins d'Outre-Manche, lors des derniers événements politiques accomplis chez nous.

Nous ne voulons ni ne devons entreprendre ici la critique de cet ouvrage qui porte avec lui ses enseignements. Si l'on y remarque certains passages empreints de quelque exagération, il ne faut pas perdre de vue que, selon la sagesse des nations, l'auteur s'est proposé de porter son gouvernement à prendre des mesures de prévoyance contre les chances d'une invasion.

En s'inspirant d'ailleurs d'une haute opinion sur la valeur de nos armes, M. le capitaine Fyers rentre dans l'appréciation commune à plusieurs puissances étrangères ; cette estime ne peut que nous rendre fiers et encourager la persistance de nos efforts à nous en montrer dignes.

Nous terminerons en priant l'auteur de recevoir ici nos remercîments pour la courtoisie toute bienveillante avec laquelle il nous a autorisé à reproduire son ouvrage dans notre langue.

Paris — Imp. de H. V. de Surcy, r. de Sèvres, 37.

NOTES

SUR LES RESSOURCES DÉFENSIVES

DE LA GRANDE-BRETAGNE.

On lit dans le DAILY NEWS *du* 8 *novembre* 1852 :

Quelques localités de Jersey doivent être fortifiées et la garnison sera augmentée. Des provisions de guerre ont été dernièrement débarquées à Guernesey. D'immenses travaux se poursuivent avec activité à Alderney pour la création d'un port ou refuge fortifié, qui pourrait faire de cet îlot le centre d'importantes opérations de guerre. Alderney n'est qu'à neuf milles du cap de la Hogue et à vingt milles de Cherbourg. Rien ne peut doubler la Hogue ou sortir de Cherbourg qu'on ne l'aperçoive d'Alderney. La milice de Jersey et de Guernesey est nombreuse, disciplinée et bien disposée à défendre les familles et les propriétés, etc., etc.

Extrait du discours de la reine d'Angleterre à la Chambre des lords, le 11 *novembre* 1852.

. . . .

« Je suis heureuse de constater l'empressement avec lequel mes sujets, en général, sont venus, en exécution de l'acte de la dernière session, grossir les rangs de la milice, et j'ai la confiance que les forces ainsi formées par l'enrôlement volontaire, ne pourront qu'ajouter encore à la valeur de l'armée régulière, pour la protection et la sécurité du pays, etc.

« Convaincu que le mode le plus efficace et le plus rationnel de conserver la paix est de se préparer à la guerre et qu'en négligeant de mettre en pratique cette sage maxime, on encourage les agressions ambitieuses, l'auteur ne craint pas d'être accusé d'excitation à la guerre. Il est loin de sa pensée de contester aux nations étrangères le droit d'employer toutes les mesures qu'elles jugeront à propos d'adopter dans l'intérêt de leur propre sûreté. Sachant qu'un emploi légitime des ressources que la nature a mises à leur disposition leur est nécessaire, il est également convaincu que la prépondérance maritime de la Grande-Bretagne est aussi essentielle à son existence, que la supériorité de l'armée française l'est à la conservation de la France ; que sous ce rapport, l'une ne peut être jalouse de l'autre, et qu'en définitive la paix du monde est entièrement liée au maintien des relations les plus étroites entre ces deux grandes puissances s'appuyant sur leurs éléments respectifs. . . . .

« Cependant, l'auteur pense aussi qu'il ne serait pas prudent de compter exclusivement sur l'une ou l'autre des ressources navales ou militaires du pays pour assurer son indépendance, en cas de menace d'invasion étrangère ; et que ce n'est qu'avec le concours de ces deux forces réunies que nous pourrons en tout temps et en toutes circonstances, nous maintenir au premier rang des puissances européennes.

« Sir Howard Douglas. »

REMARQUES PRÉLIMINAIRES.

Nous avons pensé qu'il pourrait être utile d'employer quelques heures de loisir à rassembler et noter quelques idées relatives à la défense du pays, et ayant principalement rapport à la partie défectueuse de notre système militaire, l'infériorité numérique de notre artillerie de campagne.

Si l'Angleterre possédait les moyens de concentrer, dans le plus court délai, sur un point menacé, une force vraiment puissante d'artillerie de campagne, on ne pourrait songer sérieusement à une invasion, puisque nos troupes (1) trouveraient ainsi un appui suffisant pour repousser une attaque qui, dans ce cas, aurait les conséquences les plus désastreuses pour l'assaillant.

Il s'en faut que dans ce moment le pays ait une telle ressource à sa disposition, et l'on satisferait à ses plus chers intérêts en donnant au régiment royal d'Artillerie un développement qui permettrait à ce noble corps de faire face à toutes les éventualités. En thèse générale, une artillerie restreinte, mais bien organisée, rendra des services plus efficaces qu'une artillerie plus nombreuse, mais peu exercée; cependant l'Angleterre, à cause de l'étendue de son littoral, doit nécessairement faire exception à cette règle, en multipliant au contraire, autant qu'il sera en elle, les moyens de défense que lui offre cette arme. Un ennemi habile, en simulant simultanément plusieurs fausses attaques qui éloigneraient du point réel d'attaque la majeure partie de notre artillerie de campagne actuelle, ne pourrait-il pas avoir de grandes chances de réussite et nous mettre ainsi dans l'impuissance d'appuyer convenablement les troupes qui s'opposeraient à ses progrès? Et, s'il triomphait de celles-ci, il serait dans le cas d'atteindre Londres avant que nous pussions rassembler et lui opposer

(1) Nous supposons l'armée régulière et la milice sur un pied convenable.

le reste de nos troupes et de l'artillerie, qui seraient de la sorte exposées à être battues en détail. Une très-nombreuse artillerie de campagne devient donc indispensable; mais si le pays ne se rend pas à l'évidence sur ses propres intérêts, en donnant à l'artillerie un développement tout à fait convenable, on peut du moins espérer qu'une très-large extension sera apportée à ce corps. Un projet a été proposé pour l'organisation d'une artillerie de milice, afin de suppléer, quoique très-imparfaitement, à notre faiblesse numérique dans cette branche du service.

On a traité d'autres sujets qui ne se relient pas si intimement au service de l'artillerie, quoiqu'ils aient pour objet l'attitude nécessaire au maintien de la paix et à l'honneur du pays. Il faut espérer que le sentiment profond de ce double intérêt, uni au désir sincère de rendre aussi efficace que possible chaque partie du service, sera considéré comme une raison suffisante d'admettre les observations incidentes qui se rencontreront sous la plume de l'auteur, et à propos desquelles il ne se reconnaît pas le même droit d'émettre son opinion. Il n'a pas, d'ailleurs, la prétention de mettre au jour une pensée neuve; il a seulement essayé de résumer les opinions d'officiers experts dans la matière, et dont plusieurs occasions, trop rares, il est vrai, l'ont mis à même d'apprécier toute la supériorité.

Si le corps de l'artillerie était en quelque sorte plus identifié au reste de l'armée, le service y gagnerait beaucoup en tendant à une plus grande unité de toutes ses parties.

Un des moyens d'atteindre ce but désirable serait de créer à Woolwich une institution à l'instar de l'Ecole d'application du corps d'état-major, à Paris, où l'on admettrait, après un sévère examen, un certain nombre d'officiers pris dans toute l'armée et âgés de moins de vingt-cinq ans. Le programme des études serait aussi pratique que possible, et les officiers seraient ensuite attachés, pendant un ou deux ans, à chacune des branches du service.

M. Le Couteur, colonel de la milice royale de Jersey, l'un des aides-de-camp de Sa Majesté, a écrit un mémoire intéressant sur l'artillerie de la milice royale de Jersey, où le service est obligatoire, et les ressources réelles qu'offrent ce corps prouvent que l'on pourrait en établir de semblables en Angleterre.

Pour notre armement à vapeur, on s'en est souvent référé à l'admirable ouvrage de sir Howard Douglas sur l'artillerie de marine, comme faisant autorité sur ce sujet important ; à la vérité, c'est un livre qui ne saurait être trop répandu et que devraient lire tous ceux qui désirent se former un jugement sain sur les mesures utiles à la défense nationale.

Le projet du major général Lewis, du corps royal du génie, pour la défense de Londres et de la contrée méridionale, demande aussi à être étudié. Un rapport très-intéressant sur ce plan complet de défense a été publié par cet officier dans le *Journal des Ingénieurs*, tomes IX et X, et dans les *Mémoires théoriques* du même corps, tome II, *seconde série*. On a tenté de donner une idée succincte de ce plan dans les pages suivantes.

Une incertitude trop prolongée sur le maintien de la paix n'est guère moins préjudiciable que la guerre elle-même aux intérêts d'une grande nation commerçante, surtout quand cette situation doit être considérée comme le résultat de l'incurie et de la négligence des sages mesures de précaution de la part de cette nation.

Aucune classe de sujets anglais ne désire plus le maintien d'une honorable et solide paix que les officiers des armées de terre et de mer; leur amour pour les libertés publiques, et le bonheur de leur pays ne le cèdent à aucun autre sentiment, et personne plus qu'eux en Angleterre ne professe une plus grande estime pour la nation française ni une admiration mieux sentie pour les qualités éminentes de son armée. Or, cette nation et cette brave armée seraient les premières à nous mépriser, si nous pouvions assez dégénérer pour ne pas réunir tous nos efforts, afin de garder ce glorieux pays que nos pères surent si bien défendre.

Mais, Dieu merci, l'esprit de leurs ancêtres vit encore dans le cœur des Anglais, et ils voient la véritable richesse du pays dans leurs libertés, leur indépendance et le souvenir des vertus transmises par leurs pères. Ils sauront donc (en dépit des clameurs) prendre les mesures nécessaires pour conserver ce précieux héritage; pour cela ils se laisseraient guider par les conseils des hommes les plus expérimentés à la guerre, en même temps les plus jaloux de la paix, qui, Dieu aidant, possèdent le mieux la science pour asseoir cette paix sur une base ferme, permanente et constitutionnelle. En réunissant ces notes, l'auteur a eu pour but principal de fixer l'attention publique sur l'opinion de ces hommes éclairés. Jusqu'à ce que les considérations égoïstes aient, chez toutes les nations, fait place aux principes de saine religion, il y aura des guerres; or, un de leurs principaux stimulants sera le défaut de précautions d'un peuple riche et commerçant.

Les Anglais voudront doter leur pays d'une sécurité permanente qui éloigne toute attaque et leur permette de poursuivre leurs entreprises commerciales et industrielles, sans qu'ils soient constamment troublés par les fluctuations politiques et les révolutions sociales du continent. Ils pourront alors répandre les bienfaits de la paix et de la civilisation sur le genre humain, ce dont ils ont donné une preuve mémorable l'année dernière (1).

---

(1) L'exposition des produits de l'industrie européenne. (N. T.)

I.

L'Armée régulière.

Il n'est pas douteux, à l'égard de notre armée, qu'elle ne doive être maintenue sur le pied le plus respectable, aussi bien numériquement parlant, autant que le comportent les ressources du pays, qu'au point de vue de son organisation.

Tout projet, bien qu'excellent sous d'autres rapports, qui, par des considérations d'économie, ne donnerait pas une proportion convenable d'officiers à chaque bataillon, ne saurait qu'être nuisible aux régiments de ligne. En effet, un nombre suffisant d'officiers n'est pas moins indispensable au maintien de la discipline (sans laquelle toute force militaire est plus qu'inutile) qu'à tous les rouages qui constituent la bonne administration d'un régiment. Cette remarque ne s'applique toutefois ni à un corps stationnaire, ni à un corps sédentaire ; mais, c'est une question capitale pour les troupes destinées à agir sur une grande échelle ou en pays étranger.

L'augmentation de dépense qui résulte de l'accroissement dans le nombre des officiers est largement compensée par les services qu'on est en droit d'attendre de ces troupes. Il est donc de la dernière importance, tant sous le point de vue de l'économie que pour d'autres motifs, que notre armée remplisse toutes les conditions essentielles à son existence, afin qu'elle soit prête à tout événement.

Il ne faut reculer devant quelque dépense que ce soit, afin que nos régiments de ligne, déjà si distingués, ne laissent rien à désirer sous le triple rapport de l'armement, de l'habillement et de l'équipement. Il est juste de reconnaître que depuis ces dernières années, la condition du soldat anglais s'est fort améliorée, et que l'on apporte une bien plus grande attention qu'autrefois à son bien-être physique et moral, et cependant, il est encore quelques points sur lesquels on peut justement prétendre que ces deux conditions n'aient pas à souffrir plus longtemps d'une comparaison, toute à l'avantage des troupes des autres nations.

Il serait à désirer que nos régiments de cavalerie eussent un effectif assez fort pour présenter un plus grand nombre d'hommes montés en campagne. Il faut beaucoup de temps pour former un cavalier, et il est très-important que l'Angleterre possède dans sa partie méridionale un corps imposant de cavalerie. Le prix des chevaux de remonte doit être augmenté; car, c'est plutôt encore par leurs qualités que par le nombre qu'ils rehaussent le mérite de la cavalerie.

La pénurie des troupes légères se fait sentir dans notre armée; on peut donc souhaiter que nos régiments d'infanterie légère et de carabiniers à pied soient renforcés d'un corps semblable aux chasseurs français de Vincennes.

On pourrait, sans inconvénient, ce nous semble, se montrer moins exigeant quant à la taille des hommes admis à faire partie de cette arme, ce qui laisserait plus de latitude pour le choix et rendrait l'opération du recrutement plus facile.

Les qualités essentielles qu'on doit rechercher dans les recrues destinées à ces corps, sont l'agilité musculaire, l'intelligence et un caractère facile.

Il serait bon d'établir un dépôt central d'instruction sur le modèle de celui de Vincennes, dans quelque localité convenable : tel, par exemple, que celui proposé pour un camp d'instruction, près de Tunbridge Wells (voyez page 42.)

Pour activer l'organisation de cette force, on pourrait avoir recours aux services de quelques sous-officiers libérés et d'hommes choisis dans les carabiniers et dans les régiments d'infanterie légère. En leur

offrant de justes encouragements, on trouverait dans le pays assez d'hommes aptes et dévoués qui seraient trop heureux et trop fiers de consacrer toute leur énergie au succès de cette entreprise.

Il serait aussi à désirer qu'on organisât un corps léger de carabiniers à cheval ; dans ce cas, il faudrait suivre pour son recrutement les mêmes règles que pour les tirailleurs déjà cités, en choisissant toutefois de préférence des hommes accoutumés aux chevaux.

Chaque batterie d'artillerie à cheval aurait un détachement de carabiniers montés qui en seraient inséparables. Lorsque les pièces seraient en action, ces hommes mettraient pied à terre et arrêteraient le feu des tirailleurs ennemis dirigé sur les canonniers.

Les régiments de cavalerie tireraient aussi un grand avantage des carabiniers montés, qu'on pourrait leur adjoindre dans une certaine proportion.

L'artillerie à cheval et la cavalerie seraient ainsi, dans leurs changements de position les plus rapides, toujours appuyées par un corps de bons tireurs qui couvrirait leurs formations. De même une compagnie de tirailleurs d'infanterie ou de chasseurs, pourrait toujours être attachée à chaque batterie de campagne.

Si la batterie, en action, venait à être chargée par la cavalerie, les tirailleurs pourraient se replier sur les pièces, et se former pour recevoir la cavalerie de façon à présenter leur front à la hauteur des essieux (1).

Il semble qu'une carabine se chargeant par la culasse serait la meilleure arme pour cette cavalerie, à cause de la facilité du chargement; et, à quelques égards, elle conviendrait aussi mieux aux tirailleurs *à pied*. Un des avantages incontestables de cette arme pour le *tirailleur*, c'est qu'il peut se mettre aussi bien à couvert en la chargeant qu'en tirant, ce qui n'a pas lieu pour les armes qui se chargent par la bouche; de plus, elle est susceptible d'un feu plus rapide et elle a moins de recul.

Sans aucun doute, la carabine Minié possède de très-grands avantages, en tête desquels on doit citer son peu de complication; elle est, de plus, moins sujette aux dégradations et possède une très-grande justesse à de longues portées. Cependant nos armuriers exercent en ce moment tous leurs talents et tout leur génie, et tentent de nouveaux perfection-

---

(1) Depuis que ces notes ont été écrites, j'ai trouvé à ce sujet, dans un livre très-intéressant du colonel d'artillerie Chesney sur les *Armes à feu*, quelques remarques excellentes, extraites d'un ouvrage écrit par le capitaine Wittich, de l'armée prussienne, et qui prouvent que ces idées étaient depuis longtemps pressenties. Le capitaine Wittich approfondit cette matière, et ses observations sont dignes d'attention; on les trouvera dans l'ouvrage du colonel Chesney, page 286.

nements, grâce auxquels il est probable qu'avant peu, ils auront doté leur pays d'une arme à feu bien supérieure à celles inventées jusqu'à ce jour par les fabricants étrangers.

On pourrait donner au corps de chasseurs ou tirailleurs que nous proposons, un uniforme gris, le baudrier et l'équiquement noirs, le havresac à poil ras, semblable à celui en usage dans les armées continentales, et qui, sous beaucoup de rapports, convient mieux au soldat que le havresac luisant, pesant et roide de nos troupes. Le sac porté par ces tirailleurs pourrait être plus léger que celui de l'infanterie de ligne, et le mode d'attache en usage à l'étranger, plus simple et plus commode pour le soldat, devrait être adopté; en effet, la facilité de mettre et d'ôter les bretelles dans un moment donné peuvent souvent entraîner de grandes conséquences.

Les baïonnettes ou sabres-baïonnettes de ces corps devraient être bronzées ou dépolies. Un officier qui a servi dans un des régiments de la Reine, sous les ordres du général Nott, me racontait que, pendant sa brillante campagne de l'*Affghan*, il avait été surpris de la distance à laquelle l'ennemi découvrait la position des sentinelles avancées par suite des reflets de la lune sur les baïonnettes, tandis que, par les nuits obscures, elles se dérobaient à la surveillance de l'ennemi.

On dit que les chasseurs portugais forment un corps qui rend de grands services à la guerre; ils sont vêtus de brun et portent leurs munitions dans un ceinturon creux fixé autour de la taille. Dans l'Affghan, la couleur dominante était aussi le brun, parce qu'elle convient mieux aux troupes, en se fondant avec les teintes générales du pays où elles doivent agir.

Un corps bien instruit de tirailleurs armés de carabines à tige, se chargeant par la culasse, donnerait une force puissante à l'Angleterre, dont le sol est si couvert. Ce qui suit est extrait d'un rapport officiel danois, à la suite de la bataille d'Idstedt, le 25 juillet 1850 :

« Les tirailleurs ennemis, abrités derrière une « haie, tiraient des balles pointues (spittgkugeln) à « une distance de 100 à 150 yards (1); ce fut vainement qu'une section d'artillerie leur lança des « grenades à une petite distance; un corps de cavalerie exécuta successivement trois charges inutiles contre eux; on essaya également sans succès de faire sortir l'infanterie d'Oberstolk, qui « était tout en flammes et où avait eu lieu un terrible engagement par les fenêtres des maisons et « dans les rues. En moins d'une heure, nous essuyâmes de grandes pertes; le brave général « Scleppegrell tomba mortellement blessé dans une « de ces attaques. Son chef d'état-major, le lieute-

(1) Le yard anglais répond à $0^m,914$. (T.)

« nant-colonel Bulow, fut dangereusement atteint. « Le commandant de la batterie, le capitaine Baggesen, fut fait prisonnier et deux de ses pièces « prises par l'ennemi. Plusieurs autres officiers « furent encore tués, entre autres le lieutenant « Carstensen en cherchant à secourir le capitaine « Baggesen avec environ soixante-dix volontaires. « Nous perdîmes au moins quatre-vingt-dix chevaux, tant tués que pris (1). »

Quelle que soit la nature particulière des armes à feu de l'infanterie de ligne, il est essentiel qu'on lui donne les moyens de soutenir un feu rapide aussi bien à de longues portées qu'aux plus petites distances. Les meilleures troupes sont les plus économiques ; c'est une vérité mieux comprise sur le continent que chez nous, quoiqu'elle s'applique avec dix fois plus de raison à l'armée anglaise, dont la force numérique est comparativement peu en rapport avec l'importance et l'étendue de ses obligations et de ses devoirs, qui ont pour ainsi dire la surface du globe pour théâtre. Lorsque l'on met le soldat à même de reconnaître que son pays n'épar-

(1) Les voltigeurs français sont armés de fusils ayant environ 2 pouces de moins que ceux de l'infanterie. D'après cela, l'infanterie légère devrait donc toujours tâcher de se rapprocher le plus possible des carabiniers et ne perdre aucune occasion d'agir contre eux à la baïonnette. (N. A.)

gne aucune peine et aucune dépense pour lui fournir les moyens de remplir convenablement ses devoirs et lui prouver qu'il n'est pas regardé comme une simple machine, mais comme un homme, alors il se pénètre mieux de la pensée de sa mission et redouble d'ardeur et d'énergie, et il puise en son âme une confiance et un respect de soi-même qui le grandissent infiniment à ses yeux comme soldat et comme citoyen.

La question de l'habillement et de l'équipement du soldat réclame toute la sollicitude de ceux qui ont à cœur d'accroître la valeur morale de nos armées : c'est un point très-important dans le service, et, là-dessus, il suffit d'en appeler au jugement des officiers qui ont eu à supporter avec leurs hommes toutes les vicissitudes de la guerre.

Tous s'accordent à dire que les principales conditions de l'habillement du soldat doivent consister dans la simplicité, la propreté et la liberté de mouvement, et surtout qu'il importe d'éviter qu'il ne présente un point de mire trop apparent au tirailleur ennemi ; quant à ses munitions, son équipement et son sac, la grande affaire est de disposer les buffletries et les bretelles qui les supportent, de manière à bien répartir la force en laissant à l'homme toute l'aisance nécessaire pour agir, et, avant tout, en comprimant le moins possible sa poitrine. Les officiers d'infanterie les plus pratiques, les plus accomplis, les plus exercés, et qui ont le plus d'expérience dans le maniement des hommes, sont aussi les plus aptes à décider de ce qui convient à l'habillement et à l'équipement du soldat ; il est clair que leur opinion pourra avoir quelque poids, dans le cas où des modifications seraient introduites dans cette branche très-essentielle du service. On semble à peu près d'accord sur l'avantage qu'il y aurait à substituer les buffleteries noires à celles qui sont en usage dans l'armée. Ce changement contribuerait beaucoup à une plus grande propreté et serait profitable à la conservation des hommes, dont on éviterait ainsi de faire pour l'ennemi un but visible, surtout si le galon blanc était supprimé. La giberne maintenue par un ceinturon autour de la taille pourrait facilement être ramenée en avant, de façon à permettre au soldat de prendre sans peine ses cartouches.

Le baron Maurice dit que les manufactures d'armes du gouvernement français peuvent fournir annuellement 330,000 fusils. Il est permis de se demander si le gouvernement anglais possède les mêmes ressources.

On devrait affecter à l'instruction pratique de nos soldats une bien plus grande quantité de cartouches à balles. Il ne faut épargner aucune dépense, ni aucune peine pour les rendre bons tireurs. En France et dans les armées du continent, on apporte la plus sérieuse attention à cette question.

On pourrait aussi exercer nos hommes à l'assaut ; les pertes d'hommes et l'insuccès des assauts diminueraient en raison du plus grand degré d'instruction qu'acquerraient nos troupes dans ce mode d'attaque essentiellement anglais ; dans ce but, il serait très-utile d'élever un front ou une partie de front de fortification dans chacun des camps d'instruction que l'on se propose d'établir. Les troupes elles-mêmes pourraient être employées à cette instruction, avec l'aide du corps des sapeurs mineurs attachés au camp. De cette manière, outre les simulacres d'assaut, on apprendrait aux soldats quelques autres parties importantes de leur service.

La nécessité de donner une plus grande extension à notre artillerie royale, particulièrement en hommes et en chevaux, a déjà été signalée comme le meilleur moyen de donner l'appui le plus convenable et le plus indispensable à notre armée trop restreinte et à la milice de nouvelle formation. La bataille de Goojerat est un exemple de ce qui peut être fait à l'aide d'une puissante artillerie pour hâter la victoire et épargner un sang inutile.

Une artillerie puissante ne s'improvise pas, et, si elle n'offre pas tous les éléments qu'on en doit attendre, elle devient, par cela même, une faible ressource.

Le pays a recueilli, en temps de paix comme en temps de guerre, tant de preuves de l'extrême valeur du corps royal des sapeurs-mineurs commandé par les officiers du corps royal du génie, qu'il serait superflu de faire remarquer combien il est indispensable de maintenir cette arme sur le pied le plus imposant possible.

Si l'on élevait des retranchements ou des ouvrages permanents de défense entre Londres et la côte méridionale (l'opinion des meilleurs juges militaires est que l'on doit en construire), le pays réaliserait une grande économie en employant à ces travaux une grande partie du corps des sapeurs.

II.

Forces navales et Réserves.

Quant à nos forces navales, qui sont de la plus haute importance, il n'est pas douteux qu'il ne faille substituer au système actuel de désarmement un moyen propre à retenir nos nobles marins, afin, qu'en tout temps, ils soient disponibles pour un service immédiat.

Ce moyen, naturellement ne doit émaner que des officiers de marine ; mais il est évident qu'il doit offrir des encouragements et des avantages convenables. L'avis presque unanime des officiers de marine est : que l'on devrait prendre des mousses à bord des vaisseaux, dans une proportion beaucoup plus grande. Il serait à désirer que la solde des sous-officiers et des matelots fût portée au même taux que dans la marine des Etats-Unis (1), parce que, dans l'état actuel des choses, cette puissance réussit à nous enlever des hommes aguerris qui ont coûté beaucoup de peine et d'argent pour les perfectionner dans l'art du canonnier à l'Ecole modèle à bord de l'*Excellent*. On pourrait adopter un plan analogue au système de dépôt français, en le modifiant convenablement, et répartir un certain nombre d'hommes dans les différentes stations de la côte entre Ramsgate et Bristol. Dans ce but, les postes des gardes-côtes pourraient s'étendre le long de la côte intermédiaire, et l'on attacherait des officiers supplémentaires à chaque district.

Sur les autres points de la même ligne de côtes

(1) Sheerness, 25 février. — Il est un fait peu connu, mais réel, c'est que depuis quelques années, nos marins ont trouvé de grands avantages en entrant au service de l'Amérique. Quelques-uns de ceux qui sont libérés volontairement du service de nos vaisseaux de guerre, sont reçus à bord des navires américains, sur la production de leur congé, et on leur donne la nourriture et le passage gratuits jusqu'à New-York. A leur arrivée, pourvu qu'ils fournissent des certificats de capacité et de bonne conduite, ils sont incorporés dans la marine américaine, et ils reçoivent les allocations des sous-officiers.

(*Times*, 26 février 1852.)

les plus accessibles à une invasion, on construirait d'autres stations comme postes d'observation.

Chacune de ces stations gardes-côtes, ou postes d'observation, serait pourvue des moyens nécessaires pour signaler immédiatement l'approche d'une flotte ennemie. On pourrait y construire à cet effet une vigie très-élevée et adjoindre deux cavaliers à chaque station.

Ces stations n'auraient pas précisément besoin de ressembler à des casernes ; elles seraient entourées de jardins, et tout devrait concourir à en rendre le séjour aussi agréable que possible à leurs gardiens.

Afin d'enfiler le rivage, de tenir en respect les bâtiments à vapeur, etc., on pourrait, çà et là, placer dans des positions favorables, quelques batteries de fort calibre qui seraient servies par ces hommes et construites de manière à être à couvert du feu des chaloupes ennemies qui voudraient tenter une descente ; on pourrait aussi tenir sous la main quelques chaloupes canonnières.

La marine royale, ce corps véritablement anglais, serait augmentée dans une proportion convenable, et il serait bon de l'armer de carabines, peut-être même avant les autres troupes.

On augmenterait, par tous les moyens possibles et sur de larges bases, l'artillerie de la marine royale, qui est le corps le plus puissant et le plus beau dans ce service. Quelques-uns pensent même qu'il serait à désirer que la marine royale pût fournir davantage de canonniers, également propres à remplir au besoin les autres fonctions des marins (1). Les vrais intérêts du pays démontrent jusqu'à l'évidence la nécessité indispensable de posséder le plus grand nombre possible d'hommes parfaitement exercés aux manœuvres de l'artillerie de siége.

A cet effet, les bataillons de marine composés en général d'hommes intelligents et bien constitués, pourraient tous devenir canonniers ; car c'est probablement sous ce rapport qu'on utiliserait le plus leurs services.

Il faudrait sans doute aussi organiser une milice maritime le long de la côte et sur le bord des rivières navigables ; les hommes qui en feraient partie seraient très-utiles s'ils recevaient une instruction convenable sur les bâtiments à vapeur, les batteries flottantes, les chaloupes canonnières, etc., dont nous devons toujours être largement pourvus autour des côtes et qui doit toujours être en bon état de service. Il faut espérer que l'excellent projet du contre-amiral Bowles, de construire des chaloupes canonnières à vapeur portant deux pièces de canon, sera bientôt

---

(1) Quoique toute la marine royale soit exercée aux manœuvres des grosses pièces, il est peut-être avantageux de constituer l'artillerie comme l'arme spéciale de la majeure partie de la marine ; c'est, du moins, l'opinion de quelques officiers. (N. A.)

mis à exécution. En Danemark, les canonnières sont armées d'une forte et longue pièce, dont le boulet plein pèse 60 livres et qui répond à peu près à notre calibre de 68.

Les réserves de notre armée de terre doivent être augmentées au moyen d'un fort accroissement de l'armée actuelle, ou par une armée sédentaire de réserve, ou par l'appel et l'organisation convenable de la milice, ou bien enfin par une combinaison de ces trois méthodes.

Le major général Lewis, du corps royal du génie, a présenté un projet d'armée sédentaire de réserve qui offre plusieurs avantages.

Notre cadre ne nous permet pas de donner ici une explication détaillée de ce système ; on en trouve le rapport clair et étendu dans le dixième volume des *Annales du Génie royal;* la question de la défense nationale y est traitée avec beaucoup de talent, ainsi que dans le neuvième volume du même ouvrage.

Les principales considérations de ce projet portent sur l'abolition du système actuel de dépôt.

Son organisation consisterait en bataillons de réserve de six compagnies chacun, formés d'hommes de vingt-cinq à trente-cinq ans, de manière à ne pas entraver le recrutement de l'armée régulière. Chacun de ces bataillons serait attaché à un régiment de ligne et remplacerait les dépôts actuels ; ils recevraient les recrues pour le service des compagnies.

A l'exception d'un officier pour commander, il ne serait nullement nécessaire d'augmenter l'effectif des officiers. Les officiers des deux ou trois bataillons du régiment rouleraient entre eux pour le service actif et pour le service sédentaire.

Le bataillon sédentaire serait le quartier-général du régiment, et il serait à désirer qu'on le plaçât sous les ordres d'un colonel expérimenté, de façon à former de véritables soldats. Le major général Lewis considère que la dépense occasionnée par ces bataillons de réserve serait très-modérée, eu égard à ce que coûteraient les régiments de milice ; il pense que les forces locales du pays consisteraient en garde nationale à cheval et en infanterie régulière armée de carabines.

Une grande partie de la cavalerie de l'armée de réserve serait, de droit, formée de la garde nationale à cheval, excellente force, si elle était convenablement organisée et portée à un effectif qui pût lui permettre de se mesurer avec l'ennemi sur le sol anglais.

Quelques officiers très-distingués pensent que le grand corps d'infanterie de réserve devrait se composer de la milice complétement organisée et disciplinée. D'autres officiers expérimentés regardent, au contraire, la milice comme très-onéreuse et très-impopulaire, parce qu'elle passe inégalement sur les différentes parties du territoire. Sans doute, on pourrait en grande partie remédier à ces défauts par une législation convenable.

D'ailleurs, la milice a l'immense avantage d'être une force vraiment constitutionnelle et d'avoir déjà été employée avec grand succès dans les temps difficiles.

En temps de paix, la dépense peut paraître onéreuse, les manœuvres et la discipline fastidieuses; mais, en temps de guerre, ou lorsqu'on est menacé d'une invasion, l'importance véritable de cette institution devient évidente et décuple la force et l'énergie d'un peuple libre qui réunit tous ses efforts pour défendre sa patrie.

Pendant la dernière guerre, les volontaires de la milice fournirent aux régiments de la ligne quelques-uns de leurs meilleurs soldats tout formés.

Si la milice est organisée, il faut espérer qu'elle sera mise d'une manière permanente en état de rendre des services réels, et que rien ne sera épargné afin d'inspirer à ceux qui en feront partie ce zèle qui fait les bons soldats. Dès qu'ils auront le feu sacré, il leur faudra moitié moins de temps qu'autrefois pour apprendre leurs manœuvres.

Quelques régiments de la milice pourraient être organisés pour le service des tirailleurs, en y incorporant les hommes les plus légers et les plus actifs; l'on pourrait aussi en tirer un corps de carabiniers montés, à l'instar de ceux proposés pour l'armée régulière.

Ils seraient fréquemment exercés au tir à balles, et armés des meilleures armes possible.

On donnerait des prix aux meilleurs tireurs; dans les chasseurs de Vincennes l'avancement est un des encouragements offerts aux bons tireurs.

Des médailles de bronze, ou quelque légère marque de distinction dans l'habillement, offrent un moyen facile et peu dispendieux d'arriver au même but.

Il n'y a pas de raison pour que les Anglais n'atteignent pas, sur la carabine, le même degré de justesse que leurs ancêtres avec leurs longs arcs.

Leurs armes seraient parfaites et leur habillement assez simple pour faciliter le complet usage de leurs membres.

Ces remarques s'appliquent aussi tout naturellement aux corps de volontaires, et il est vraiment très-rassurant de voir l'esprit qui s'empare de la nation et qui fournirait, en cas de nécessité, une très-grande force pour la défense de sa reine et de ses libertés.

Un pareil peuple ne peut jamais être asservi, et il n'est pas probable qu'animé de tels sentiments, il soit jamais attaqué. Toutefois, le mieux est d'être préparé, bien qu'il soit peu vraisemblable que pareil événement se réalise jamais.

Suivant l'opinion des meilleurs juges militaires, l'infanterie volontaire serait organisée comme les troupes irrégulières, exécuterait les manœuvres les plus simples, et ressemblerait le moins possible aux troupes régulières.

En cas de conflits politiques menaçants, il peut être bon d'enrôler des ouvriers et des artisans dans les comtés du Midi, de façon à pouvoir élever des retranchements et des batteries.

III.

Milice et Artillerie volontaire (1).

C'est une question de savoir si une partie de la milice ne pourrait pas être organisée comme artillerie, de manière à fournir une force auxiliaire à cette arme ; cette mesure donnerait en même temps un débouché pour l'avancement des sous-officiers de l'artillerie royale qui en seraient jugés dignes, et elle faciliterait aussi le recrutement de ce corps.

(1) Depuis que cet écrit a paru, le général sir Charles Napier a publié une brochure qui fait ressortir les meilleurs moyens d'atteindre ces résultats. (N. A.)

Quoique rien ne soit négligé dans cette noble branche du service pour encourager le mérite et la bonne conduite, afin qu'un homme qui se comporte bien soit certain d'en recevoir promptement la récompense et qu'il ait la perspective d'un emploi honorable, civil ou militaire, après son congé; cependant, d'après la nature particulière de l'éducation nécessaire aux officiers d'artillerie, il arrive inévitablement que les espérances que promet le cadre d'un brevet ne peuvent être offertes comme stimulant aux jeunes gens d'intelligence et d'esprit pour les attirer dans le service de cette arme. En effet, les seuls emplois ouverts à ceux qui s'engagent dans l'artillerie sont ceux de quartier-maître et deux ou trois autres charges d'état-major subalternes. On peut induire de là qu'il serait, en général, avantageux d'instituer le grade de sous-lieutenant dans l'armée, pour qu'une partie des sous-officiers les plus méritants et qui promettraient de devenir de bons officiers pussent être promus à ce grade, de façon que chaque régiment de ligne eût un sous-lieutenant qui serait attaché à l'état-major et aiderait l'adjudant, etc. Quant à l'artillerie, si l'on considère les désavantages inhérents à cette arme, sous le rapport des travaux qu'on exige d'elle et de son avancement restreint, il faudrait que, dans cette branche de service, un plus grand nombre de sous-officiers pût aspirer au grade de sous-lieutenant.

En conséquence, nous faisons les propositions suivantes, savoir :

Qu'une partie de la milice, surtout dans les provinces du Sud, soit organisée en artillerie et divisée en artillerie de place et en artillerie de campagne ;

Que, naturellement, cette fraction de la milice soit commandée de la même manière que le reste, bien qu'on puisse désirer que l'artillerie de la milice la plus *rapprochée de la côte* reçoive un plus grand nombre d'officiers expérimentés dans ce genre de service.

Dans ce but, il faut remarquer que nous possédons actuellement des maîtres-canonniers qui peuvent déjà être commissionnés comme sous-lieutenants ; ceux qui ne seraient pas jugés capables, recevraient une pension de retraite convenable ; les sous-officiers méritants de l'artillerie royale, en activité, seraient appelés à les remplacer avec le rang de sous-lieutenant.

D'autres seraient aussi commissionnés, avec le même rang, pour commander les batteries et les forts le long de la côte (1); le commandement de chaque sous-lieutenant ne s'étendrait d'ailleurs pas au delà des limites faciles et convenables.

Le nombre toujours croissant de ces vieux et dignes artilleurs que nous appelons *canonniers invalides*, seraient destinés à la défense des côtes et placés sous

---

(1) Il faut excepter de cette mesure le petit nombre de batteries servies par les gardes-côtes. (N. A.)

le commandement de chaque sous-lieutenant; un ou deux de ces hommes, au moins, seraient postés dans chaque batterie ou fort, de manière à être constamment sur les lieux pour prendre soin des munitions et des batteries.

Une partie de l'artillerie de la milice de côte serait répartie en plusieurs batteries et parfaitement exercée aux manœuvres des pièces de gros calibre, toutes dispositions, étant d'ailleurs prises pour que le service des batteries fût assuré au premier signal. Il serait fort à désirer encore qu'un sous-officier n'encourût pas la responsabilité d'un tel commandement, si outre ses autres qualités il ne possédait pas un caractère ferme et solide; s'il n'avait donné des preuves suffisantes d'une disposition particulière à faire la part des erreurs et maladresses, et, si par sa patience et sa douceur habituelles, il n'était pas capable d'exciter de bons sentiments chez ses inférieurs. Hors de là, jamais il ne devrait commander la milice (1).

Dans plusieurs occasions de la guerre de la Péninsule, des sous-officiers de sapeurs et de mineurs furent nommés sous-lieutenants.

En tout temps, mais plus particulièrement d'après la tournure actuelle des affaires, les gens capables

---

(1) En cas de mérite, ces officiers devraient d'ailleurs pouvoir prétendre à un avancement ultérieur. (N. A.)

de fixer l'opinion publique ont généralement reconnu que le pays pourrait amener sur les champs de bataille une bien plus grande force d'artillerie que celle que nous possédons maintenant.

Pour que cette artillerie ait une valeur réelle, on devrait d'abord rechercher les meilleures qualités dans le choix des hommes, des chevaux et du matériel.

L'artillerie royale de la Grande-Bretagne réunit toutes ces conditions au plus haut degré ; cependant, malgré les développements que ce corps a reçus dans ces dernières années, sa force numérique est encore trop faible, en raison des services que l'on pourrait exiger d'elle. Il est donc très-important de donner à cette belle arme la plus grande extension possible, eu égard aux ressources du pays ; c'est le seul moyen d'assurer sa supériorité.

Nous croyons plus utile que jamais d'augmenter dans une proportion notable le nombre des artilleurs dans les garnisons des forteresses de Gibraltar, Malte, Plimouth et Portsmouth.

Néanmoins, on conçoit que, comme force militaire, on organise une artillerie de milice capable de rendre de bons services ; une partie serait attachée aux pièces de siége, l'autre aux pièces de campagne.

On pourrait ainsi concentrer davantage l'artillerie royale ; de manière que si les affaires prenaient une tournure menaçante, les détachements éloignés de ce corps pussent être appuyés par l'artillerie de milice, dès que celle-ci aurait atteint un certain degré d'habileté.

Des mesures seraient prises principalement dans les contrées du Sud, pour habituer un certain nombre de chevaux au service éventuel de l'artillerie.

Un certain nombre de jeunes gens actifs et vigoureux pourraient aussi dans le même but, être dressés au service de conducteurs d'artillerie.

A l'appui de nos idées nous proposerons d'abord,

De former des camps de manœuvres et d'instruction, à savoir :

Un dans le comté de Kent,
Un dans le Hampshire,
Un dans le Devonshire.

Celui de Kent pourrait sans doute être formé près de *Tonbridge Wells*. Les deux autres, respectivement, à portée de Portsmouth et Plimouth.

On devrait choisir dans ces localités le terrain le plus convenable aux évolutions militaires de toutes les armes. Une juste proportion d'artillerie, de cavalerie et d'infanterie serait attachée à ces camps.

Les hommes seraient logés dans des baraques, comme en France. On éleverait des hangars pour les chevaux et le matériel d'artillerie.

Un détachement de la garde nationale à cheval et de la milice suivrait l'instruction de ces camps.

Une partie de la milice serait exercée aux manœuvres de l'infanterie et de l'artillerie ; pour cette dernière spécialité, on choisirait les hommes les plus en état pour cette branche de service.

Ces détachements de garde national à cheval et de milice seraient remplacés par d'autres, dès que leur instruction serait jugée satisfaisante.

Les fermiers et les cultivateurs pourraient, au besoin, être requis, en vertu d'une loi et moyennant indemnité, d'envoyer à ces camps une certaine quantité de chevaux et de jeunes gens en nombre suffisant pour les conduire : ceux-ci seraient relevés par d'autres au bout d'un certain temps ; mais des officiers et sous-officiers, spécialement désignés, resteraient constamment au camp pendant toute sa durée. Ils seraient principalement attachés à la batterie de campagne qui serait largement approvisionnée de cartouches à poudre et de munitions de guerre pour les exercices et la pratique.

Il serait sans doute bon que les chevaux fussent pris, autant que possible, dans l'intérieur des comtés les plus exposés à une invasion, afin de les rendre plus propres à marcher contre l'ennemi qui tenterait un débarquement.

Les districts que la loi aurait ainsi fixés pour fournir des chevaux et des conducteurs seraient inspectés par des officiers de l'artillerie royale régulièrement autorisés à cet effet, afin de choisir les hommes et les chevaux qu'ils jugeraient capables de mieux remplir le but proposé dans les limites imposées par la loi.

La milice nationale peut fournir promptement des troupes pour l'artillerie à cheval, et nous sommes convaincus que beaucoup de riches propriétaires fonciers ne se refuseraient pas à entretenir des troupes volontaires d'artillerie à cheval, ainsi que cela eut lieu pendant la dernière guerre, ce qui existe même encore dans quelques parties de nos possessions.

Le terrain de chacun de ces camps devrait être approprié au service de l'artillerie, quant à l'espace, et au tir à la cible; diverses pièces de gros calibre seraient mises en position et approvisionnées de nombreuses munitions.

Il ne serait pas nécessaire de réunir un corps de troupes très-considérable dans ces camps d'instruction, quoiqu'il fût à désirer qu'*une fois l'an*, deux ou trois semaines après la rentrée des moissons, on fît un rassemblement aussi nombreux que possible, afin de donner aux hommes une idée de mouvements plus étendus.

On affecterait à ces camps un détachement de sapeurs-mineurs, qui enseigneraient l'art d'élever les ouvrages de campagne et de faire les fascines et les gabions.

Cette instruction, on le comprend, serait de la plus grande utilité, aussi bien pour l'infanterie de ligne que pour la milice.

Le soldat anglais est sans contredit, sous le rapport de cette instruction, bien inférieur au soldat français; et c'est ce dont il a été facile de se convaincre mainte et mainte fois dans la guerre de la Péninsule. En France on emploie souvent le soldat aux travaux publics, et, à l'exemple des anciens Romains, on lui enseigne d'une manière approfondie l'usage des retranchements, ce qui est tout aussi indispensable à son caractère militaire que le parfait maniement de ses armes.

Il serait à désirer qu'éventuellement on pût organiser une force semblable dans certaines autres contrées de la Grande-Bretagne. Les hangars et les magasins de l'artillerie seraient construits sur des points centraux par rapport à chaque batterie de campagne ou à chaque brigade, et ils seraient placés sous la surveillance d'une garde suffisante d'infanterie.

Comme mesure préliminaire, le système serait appliqué en même temps dans les comtés qui bordent le Canal, ainsi que nous l'avons déjà dit; et s'il était suivi de succès, on pourrait lui donner une plus grande extension, en y apportant, toutefois, les modifications dont l'expérience aurait démontré la nécessité.

Il ne faut pas se dissimuler pourtant que, sous aucun rapport, une artillerie de milice ne peut remplacer complétement l'artillerie de l'armée régulière. Elle ne peut rendre de services que comme force auxiliaire. Pour devenir un artilleur parfait, un homme doit consacrer toute sa vie à cette profession ; ses devoirs sont si multipliés, et beaucoup d'entre eux exigent une telle habileté, qu'une instruction longuement acquise et une pratique journalière sont absolument indispensables pour former un artilleur consommé.

Les modifications qui s'effectuent dans les armes à feu de l'infanterie amèneront nécessairement des perfectionnements dans l'artillerie.

L'obus à balles, autrement dit obus-*Shrapnel* (1), est appelé à jouer un rôle important en présence de la nouvelle carabine ; mais ce projectile n'aura un avantage réel qu'entre les mains d'un artilleur bien instruit.

Au moyen de cet obus, on peut lancer une grêle de balles qui répandra la mort au milieu des tirailleurs ennemis bien au delà de la portée des nouvelles carabines.

Sir Howard Douglas rapporte une des premières circonstances où il en vit faire usage, comme un exemple des effets destructeurs produits par un obus-Shrapnel de 6 livres. Une pièce française s'était avancée pour appuyer des tirailleurs à une distance de 1,400 mètres. Le premier obus à balles qui fut

(1) Voir notre note à ce sujet dans notre traité *Des Trois Armes*, de DECKER, *Journal des Sciences militaires*, 1er s. 1851. (*Tr.*)

tiré contre cette pièce renversa la moitié des canonniers français. Lorsqu'un projectile de 6 livres a pu produire un effet si destructif, on peut se figurer ce que l'on devra attendre de son emploi, combiné avec les pièces actuelles du matériel de campagne.

L'artillerie de milice n'est donc obsolument proposée que comme force auxiliaire. Le baron Maurice, dans son *Essai sur la défense nationale de l'Angleterre*, suppose une force de 450 *pièces de campagne* à la suite d'une armée d'invasion.

Qu'aurions-nous à leur opposer ?

Jusqu'à un certain point, les sous-officiers et canonniers libérés de l'artillerie royale pourraient être employés très-efficacement à l'organisation de ce corps, aucun pays ne possédant les ressources de l'Angleterre pour créer une artillerie de campagne écrasante : les routes sont généralement excellentes; les hommes et les chevaux sont les meilleurs que l'on puisse trouver pour le service de l'artillerie.

La principale difficulté que présenterait l'organisation d'une artillerie de milice, consisterait dans les chevaux et les conducteurs.

Relativement à l'artillerie de campagne organisée d'après le système volontaire, le colonel Le Couteur établit que dans l'artillerie de la milice de Jersey, aucun homme de ce corps ne reçoit de solde, si ce n'est les conducteurs, pour l'emploi de leurs chevaux.

Il insinue que les villes et les banlieues situées sur la côte du sud devraient, avec la permission du gouvernement, suivre cet exemple; il ajoute que si des compensations convenables étaient données en échange de la prestation des chevaux, que les conducteurs fussent payés et que l'appui permanent de sous-officiers choisis fût assuré, il n'y a aucun doute que de nombreux volontaires n'offrissent sans hésiter leurs services pour compléter le personnel de ces batteries de campagne.

Sous ce rapport, le peuple anglais ne resterait pas en arrière de ses braves compatriotes du canal d'Irlande.

Le colonel Le Couteur rapporte qu'à Saint-Malo, il a vu manœuvrer l'artillerie de la garde nationale française; de beaux et vigoureux jeunes gens appartenant à la ville, exécutaient les mouvements de campagne presque aussi bien que l'armée régulière.

Avec l'assistance réunie de l'artillerie de la milice et de l'artillerie volontaire, d'après le plan proposé par le colonel Le Couteur, on doit penser que nos moyens de défense s'accroîtraient considérablement; et il y a de bonnes raisons pour croire que l'organisation d'une telle force serait chaleureusement accueillie dans les comtés du Sud.

Nous citerons l'exemple de la Suisse, pour montrer quelle force et quelle puissance on peut retirer d'une artillerie tirée d'une milice; aux Etats-Unis, l'artillerie de la milice de quelques états est aussi réputée comme très-imposante (1).

---

(1) Chaque ville non fortifiée de la côte sud de l'Angleterre peut pourvoir à sa défense en armant un certain nombre de chaloupes canonnières, de bateaux de fusées et de batteries flottantes d'un faible tirant d'eau, conjointement avec des batteries dont le feu les protégerait et qui seraient servies par des volontaires de la milice. (N. A.)

IV.

Ouvrages défensifs.

Il est hors de doute que les abords de Londres doivent être protégés par des ouvrages défensifs, les plus propres à garantir dans de bonnes conditions la sécurité de la métropole. La seule question est d'établir la nature de ces ouvrages. Le major général Lewis, raisonnant par hypothèse, fait remarquer qu'un ennemi qui se proposerait de s'emparer de Londres, tenterait problablement une descente dans la partie de la côte sud la plus rapprochée de la métropole. Sous ce point de vue, il propose un système admirablement propre à protéger Londres et le pays intermédiaire et qui ôterait à l'ennemi toute idée sérieuse d'invasion.

Il suppose trois choses principales dans ce projet de défense :

1° S'opposer au débarquement de l'ennemi ;

2° Arrêter sa marche ;

3° La défense extrême de la métropole.

Le premier objet se trouve rempli par une chaîne de postes fortifiés près de la côte, entre *Cantorbéry* et *Chichester* et se reliant entre eux par le chemin de fer.

L'auteur propose de construire cinq de ces postes militaires, savoir: à *Ashford*, à *Battle*, à *Lewes*, à *Shoredam* et à *Chichester;* il est entendu qu'ils consisteraient en casernes fortifiées, à l'abri des coups de main, pouvant chacun contenir des garnisons de 2,000 hommes, composées de cavalerie, d'infanterie et de deux batteries d'artillerie, de manière à former des colonnes mobiles capables de se diriger avec la plus grande rapidité, ensemble ou séparément, sur la partie menacée de la côte.

Chaque poste aurait une réserve suffisante de locomotives et de wagons et des arrangements bien réglés seraient pris avec l'administration du chemin de fer. Les troupes seraient fréquemment exercées à se mouvoir de cette manière.

On pourrait ainsi, en très-peu de temps, déployer une force imposante pour s'opposer au débarquement de l'ennemi, opération qui sous l'empire de telles circonstances, comme le fait observer judicieusement le major général Lewis, est une des plus difficiles de la guerre.

En supposant que l'ennemi réussisse à effectuer sa descente, le second objet qui consiste à *arrêter sa marche*, serait prévu par la construction de *trois* positions fortement retranchées, plus reculées dans l'intérieur des terres et séparées d'environ ving milles (1) les unes des autres entre Chatham et Portsmouth, sur une ligne parallèle à la ligne avancée.

Ces trois forteresses seraient bâties à *Funbridge Wells, Cuckfield* (ou *Balcombe*) et *Pulborough*, ou à quinze milles de l'embouchure de la rivière Arun ; elles seraient destinées à commander les approches de Londres, à servir de dépôts de vivres, de munitions et de matériel, et à appuyer nos troupes dans la campagne. Elles contiendraient chacune 6,000 hommes dont la moitié pourrait être des troupes locales.

Elles auraient une importance telle qu'elles obligeraient l'ennemi à employer un déploiement de force considérable pour leur investissement, ce qui énerverait toute son armée en la divisant. Il serait à désirer qu'elles fussent en état de soutenir un siége au moins pendant un mois.

Le général Lewis fait encore remarquer qu'il est indispensable de choisir avec soin les hommes doués

(1). Le mille anglais fait 1 k, 6093 en mesures françaises; ving milles équivaudraient donc approximativement à 32 kil. (T.)

des qualités militaires, et qu'il est aussi très-essentiel, pour la bonne défense du pays, que les troupes composant les garnisons de ces forteresses soient organisées par brigades et par divisions, dirigées dans leur instruction par un état-major expérimenté qui les accoutume à se mouvoir en masses entre ces forteresses et les postes avancés. Si l'on attend au dernier instant pour faire avancer de tous les points du pays l'artillerie, la cavalerie et l'infanterie, il en peut résulter la plus grande confusion, et les troupes seront exposées à être battues en détail.

En troisième lieu, dans la supposition où ces obstacles seraient insuffisants pour arrêter la marche d'une armée d'invasion, le général Lewis propose un système de camps retranchés, etc., au sud de Londres, depuis Woolwich jusqu'à Windsor, et même s'étendant jusqu'à High Wycombe; savoir : à Woolwich, Croydon, Kingston, Windsor, et, au besoin, High Wycombe.

Ces camps seraient très-fortifiés et en état de contenir un corps considérable de troupes; ils pourraient être défendus par les forces locales, pendant que les autres troupes tiendraient la campagne; et, comme l'ennemi n'oserait pas passer entre eux, il serait tenu en échec jusqu'à ce que toutes les forces du royaume pussent être concentrées contre lui.

Le général Lewis propose de relier entre eux ces camps retranchés au moyen de chemins de fer protégés par des batteries, etc., et communiquant avec les lignes méridionales du royaume; chaque camp aurait une réserve convenable de locomotives et de wagons.

Le général Lewis prétend qu'en Angleterre on se fait une idée très-exagérée des moyens de défense qu'offriraient nos chemins de fer actuels.

C'est aussi l'opinion du capitaine Maurice, du génie suisse, dont l'essai sur nos défenses nationales a si vivement excité l'attention publique ; et quoique cet habile écrivain ait peut-être un peu trop rabaissé les avantages que nous pourrions tirer de notre système actuel de chemins de fer, en cas d'invasion subite, au moins doit-on reconnaître que les facilités qu'ils donnent pour la concentration rapide de nombreux corps d'infanterie, de cavalerie et d'artillerie sur les points menacés de la côte, ont une grande valeur.

Sans doute nos moyens de défense se sont puissamment accrus par nos chemins de fer; mais il reste beaucoup à faire avant qu'ils n'aient atteint le dernier degré de perfection pour protéger le pays. Par exemple, il y a une grande lacune dans la zone méridionale de nos chemins de fer, entre Canterbury et Chatham (ou Rochester), et, au point de vue militaire, il serait fort à désirer qu'il existât une ligne entre Chatham (ou Rochester) et Maidstone.

Une nombreuse réserve de locomotives et de wagons, disposés pour le transport des troupes de *toutes armes*, serait toujours maintenue en très-bon état.

D'après ce que l'on dit, on a apporté les plus grands soins dans la construction et la disposition des wagons sur le chemin de fer de Saint-Pétersbourg et de Varsovie, de manière à opérer au besoin une concentration rapide de fortes masses de troupes russes en Pologne. D'une autre part, personne n'ignore les peines infinies qu'on a prises en France pour mettre, autant que possible, le système des chemins de fer de ce pays en rapport avec les mouvements militaires.

La plus grande facilité de communication existera bientôt entre Paris, ce grand centre fortifié de la France, et toutes les places fortes et les arsenaux de terre et de mer de ce pays. Au point de vue militaire, il est très-regrettable que pareille chose n'existe pas d'un bout à l'autre de la Grande-Bretagne. Revenons au projet de défense du général Lewis : cet officier expérimenté fait ressortir la nécessité de procéder, sans retard, à la construction d'une chaîne de camps retranchés, constituant la ligne avancée de la défense de la côte, parce qu'il serait trop tard d'y songer au commencement des hostilités.

La dépense qu'entraînerait cette ligne avancée de postes militaires serait comparativement modique, quoiqu'ils dussent naturellement être mis en état de résister à un coup de main, et exiger pour les réduire l'emploi d'une forte artillerie. Des batteries de quelques grosses pièces seraient placées çà et là dans les positions les plus favorables à la défense du littoral.

Tel est, en substance, l'aperçu fort incomplet du système d'ouvrages défensifs proposé par le général Lewis pour protéger Londres et la contrée méridionale; s'il était mis à exécution, et qu'il concordât en même temps avec une organisation convenable de nos forces actives, il détournerait certainement l'ennemi de l'intention sérieuse d'envahir nos côtes du sud.

Pour se former une idée exacte de ce plan de défense, il est indispensable de lire les deux articles très-intéressants que le général Lewis a publiés dans les 9e et 10e volumes du *Journal du Corps royal du Génie*.

Il va sans dire que le général Lewis regarde l'achèvement des fortifications de Portsmouth, Sheerness et Chatham, comme un point extrêmement important.

Le baron Maurice, capitaine du génie suisse, pense que Londres, devant naturellement être le point de mire d'une armée d'invasion, sa sûreté exige un système de camps retranchés, placés aux mêmes distances que celles proposées par le général Lewis, mais entourant toute la ville de Londres, et se reliant les uns et les autres par des chemins de fer.

Il ajoute que quoiqu'un système de fortification de la métropole, semblable à celui adopté pour la défense de Paris, lui paraisse parfaitement approprié au but que l'on se proposerait, il sait très-bien que le Parlement et le peuple anglais n'y voudront jamais consentir. Il tient pour dit que l'on ferait tout pour fortifier et protéger nos grands arsenaux de terre et de mer. Il considère que l'arsenal de Portsmouth est très-exposé du côté de Gosport, et que les fortifications de Portsmouth et de Portsea ont été très-affaiblies par les maisons de Southrea et par les faubourgs que l'on a permis de bâtir dans une zone trop rapprochée.

Il pense que nous devons avoir plus de batteries de côtes, et que notre armée doit être considérablement augmentée. Enfin, il considère que l'application de la vapeur, qui a pris une si grande extension dans ces dernières années, tend à affaiblir beaucoup notre position défensive (1).

---

(1) Voyez la *Défense nationale en Angleterre*, par le baron Maurice, traduite par le capitaine J.-E. Addison. (N. A.)

V.

Armement des Steamers de guerre.

Il est très à désirer que notre marine possède une plus grande quantité de *steamers* de construction assez solide pour porter les plus grosses pièces de canon à l'avant et à l'arrière.

Pour la portée, la pénétration et la justesse de tir, les canons de ce genre sont bien supérieurs aux obusiers si répandus dans la marine; cependant, ils sont nécessairement beaucoup plus pesants. Nos steamers sont, pour la plupart, armés à l'avant et à l'arrière d'obusiers qui constituent à la vérité, dans certains cas, un armement très-puissant et très-efficace, mais qui, dans d'autres circonstances, ne répondent pas aux exigences du service comme les longues et fortes pièces de canons.

Il est à craindre que notre marine ne possède pas un nombre suffisant de bâtiments à vapeur capables de supporter ce dernier armement.

Quiconque a eu, comme l'auteur, de bonnes occasions pour apprécier la précision merveilleuse des canons de gros calibre à de longues portées, doit avoir été frappé des immenses avantages que donnerait aux steamers cet armement à l'avant et à l'arrière, s'ils possédaient d'ailleurs des machines assez puissantes pour leur permettre de choisir leur position en face d'un adversaire qui leur opposerait des pièces d'une portée inférieure, quel que fût leur calibre, et qui n'aurait pas les mêmes ressources pour manœuvrer et changer de position. Un puissant bâtiment à vapeur ainsi armé, qui se tiendrait juste hors de la portée des pièces de l'ennemi, serait capable de le mettre complétement hors de combat sans en recevoir la moindre avarie.

Sir Howard Douglas, dans la dernière édition de de son remarquable ouvrage sur l'*Artillerie de mer*, nous informe qu'aux États-Unis, la marine préfère aux obusiers les fortes et longues pièces tirant à boulets pour armer la proue et la poupe de leurs steamers, et qu'ils disposent de canons de 50 livres pour leurs vaisseaux.

Les Américains savent trop bien tirer à de grandes distances pour adopter un armement considérable d'obus et de boulets creux qui auraient pour conséquence de faire beaucoup rapprocher les distances dans les combats, et qui, en outre, présenteraient un système qui n'a pas encore reçu la sanction de l'expérience dans la guerre maritime. D'après la même autorité, il paraît aussi que les Français préparent de nouveaux canons de 50 livres, à peu près égaux aux nôtres de 56 livres, pour armer 40 vaisseaux de ligne et 58 frégates, et qu'ils sont disposés à adopter, pour leur marine, un canon de 60 livres, à peu près égal au nôtre de 68 livres, tandis que, sur mer, le plus fort calibre de nos vaisseaux de ligne est de 32 livres.

S'il en est ainsi, aucun navire à vapeur ennemi qui portera des pièces d'une puissance et d'une portée inférieure, n'osera se tenir à portée de tels bâtiments. On devrait donc craindre d'adopter, pour notre marine, ce système d'obus et de boulets creux, jusqu'alors si faiblement justifié par l'expérience.

Quoique beaucoup de nos braves marins puissent donner la préférence à l'abordage, nous pouvons être certains qu'un ennemi qui suivra l'exemple des Américains, fera de son mieux pour mettre hors de combat et enlever nos vaisseaux et nos équipages avant de se laisser aborder. En outre, quoique les obusiers puissent produire des effets plus destructifs dans de certaines limites, il faut se rappeler que, sous plusieurs rapports, les boulets pleins de 32 livres ont sur eux des avantages dans le tir des bordées, dans la rapidité des feux et dans la légèreté, ce qui permet d'armer un navire d'un plus grand nombre de pièces. La rapidité du feu au moment d'un abordage est prescrite de la plus forte manière par les règlements français,

Les vaisseaux français, aussi bien que les nôtres, sont bien disposés pour terminer une action ; car, outre les boulets et les obus ordinaires, ils sont approvisionnés de différents projectiles incendiaires et asphyxiants, ainsi que d'obus à percussion qui éclatent en frappant le but et dont le tir a été porté à un grand degré de perfection en France.

Chaque vaisseau porte un grand approvisionnement de fusées et de grenades à percussion (ces dernières se lancent au moyen de frondes), et des expériences secrètes sont en cours d'exécution sur un nouveau projectile qu'on peut qualifier d'atroce, nommé asphyxiant, qui développe un gaz délétère et peut produire une asphyxie instantanée (1). Dans

---

(1) Dans la marine française, les obus renferment des matières incendiaires qui s'enflamment au moment de l'explosion, se répandent dans toutes les directions, brûlent avec une bien plus grande intensité que la *roche à feu*, développent un plus grand calorique et donnent pendant leur combustion une fumée épaisse qui peut interrompre très-longtemps la manœuvre et le pointage des canonniers. Qu'aurait dit Nelson de ce système incendiaire?... Pour plus amples renseignements, nous renvoyons le lecteur à l'ouvrage très-remarquable de sir Howard Douglas sur l'*Artillerie de mer*, page 323. (N. A.)

les batailles navales, l'effet des obus ne peut guère s'étendre au delà de 1,500 mètres.

Un engagement entre deux vaisseaux également bien armés d'obusiers serait promptement terminé, si l'un des bâtiments, ou tous les deux sautaient ou sombraient. Il est donc évident qu'il y aurait un immense avantage pour le bâtiment qui pourrait étendre la portée de son feu au moyen des boulets pleins. Il est très-vrai que cette théorie prudente des *longues portées* est capable de répugner aux sentiments d'honneur de nos braves marins; mais nous leur rappellerons la fâcheuse expérience de la guerre d'Amérique, où leur bravoure et leur science furent si souvent déjouées par la longue portée du feu de l'ennemi.

D'ailleurs, il est certain que, dans les guerres qui pourront survenir, on emploiera ce même système contre nous jusqu'aux dernières limites qu'admettront les progrès modernes de l'artillerie.

Or, notre marine ne voudra certainement pas rester inférieure, sous ce rapport, aux marines étrangères.

De tout ce qui précède, nous conclurons en demandant la construction d'une plus grande quantité de bâtiments à vapeur spécialement disposés pour recevoir, à l'avant et à l'arrière, des pièces d'un plus fort calibre, tirant à boulet plein, et douées d'une grande vitesse, ainsi que d'une grande capacité pour l'approvisionnement de la houille.

Moyennant des conditions convenables, on pourrait confier la construction de ces bâtiments à une entreprise particulière qui allégerait de beaucoup le travail des arsenaux de la marine royale. On ne doit pas se méprendre sur les paroles de l'auteur, lorsqu'en thèse générale, il se fait le défenseur officieux des *combats à longue portée :* son argument est que nous posséderions les mêmes moyens que l'ennemi pour amener ses vaisseaux à terminer le combat, comme il le fait par rapport aux nôtres, et que, par conséquent, chaque escadre, quelle que soit sa force, doit être accompagnée d'un certain nombre de steamers bons marcheurs, armés de fortes pièces de canon à longue portée (1).

(1) Si l'on objecte que les ports de refuge, sur une grande échelle, constituent une entreprise difficile et dispendieuse, on pourrait, sans trop de frais, en construire de petits le long de la côte sud pour mettre à l'abri, sous la protection des batteries, les steamers et les embarcations légères. (N. A.)

VI.

Fusées à la Congrève.

Les renseignements suivants sont, en majeure partie, tirés du *traité de sir William Congrève* sur les fusées de guerre, publié en 1827.

Des raisons d'économie ont jusqu'à ce jour empêché de donner à la fusée à la Congrève tout le développement dont elle est susceptible comme arme de guerre.

Nous avons vu dernièrement un exemple frappant de sa force dans l'attaque hardie et la destruction de Lagos par la marine. Il y a quelques années, on s'en servit aussi avec un grand succès pendant les opérations sur la rivière du Parana.

D'après la remarque de sir William Congrève, elle possède les mêmes avantages pour le service de terre, joignant la force à la facilité de transport et de manœuvre, qualités qui ne se trouvent pas réunies dans les autres armes.

Elle n'exige ni encombrement de bagages, ni batteries régulières, ni plates-formes, ni la peine de traîner de lourds mortiers à sa suite.

Dans le traité publié en 1827, par feu sir William Congrève, et que nous devons étudier attentivement, il remarque qu'à cette époque-là les qualités de la fusée étaient plus appréciées sur le Continent que chez nous, et qu'on s'y efforçait bien plus qu'en Angleterre d'ériger des établissements de fusées, ce qu'il attribuait au peu de soin qu'on avait mis chez nous à étudier la question. Depuis cette époque, les nations étrangères ont fait les tentatives les plus persévérantes pour profiter des avantages particuliers de ce projectile formidable comme arme de guerre; ce doit donc être une raison de plus pour que nous en fassions une étude approfondie.

Les Autrichiens, particulièrement, ont un grand nombre de troupes spécialement organisées pour le service des fusées; on dit qu'ils en tirèrent les plus grands avantages dans la guerre de Hongrie. Les fusées peuvent, en effet, agir dans des terrains impraticables à l'artillerie la plus légère.

En Angleterre il n'existe plus de corps spécial pour le service des fusées, comme dans l'origine.

Les troupes du corps royal de l'artillerie à cheval sont exercées à les manœuvrer, et sont approvisionnées de voitures à chevalets pour les fusées, etc. Les compagnies d'artillerie à pied reçoivent, au besoin, la même instruction, et il est fort à désirer qu'elle soit généralement plus étendue dans toute l'armée.

Cependant, outre ces dispositions, on doit souhaiter l'organisation d'un corps séparé et distinct qui serait principalement armé de fusées.

Les vieilles troupes de *fuséens* (qu'on nous pardonne ce néologisme), sous le commandement du capitaine Bogue, se distinguèrent beaucoup à Leipsick, où elles rendirent des services signalés. Le capitaine Bogue y perdit malheureusement la vie. Ce furent les troupes anglaises seules qui prirent part à cette bataille.

Pendant la guerre avec les *Ashantees*, un petit détachement de *fuséens*, démontés, fut envoyé dans ce pays, et le roi des *Ashantees* fut tué par une fusée.

Un corps de *fuséens* montés a les moyens de porter ur le champ de bataille un approvisionnement de munitions immense en proportion de leur effectif. Chaque soldat peut porter six fusées de six livres dans des fontes à fusées, et chaque troisième servant a un tube à fusées qu'il porte suspendu comme une carabine et qui ne pèse pas beaucoup plus. Ainsi, chaque section de trois hommes est, par elle-même, complète. Chaque détachement a, de plus, quelques voitures légères pourvues de tubes; on les nomme *châssis à fusées* ou *voitures de volée*. Elles voyagent toujours chargées, de manière à pouvoir tirer une volée immédiatement, et chaque voiture contient un approvisionnement de fusées.

Dans une volée.

Un chevalet à fusées de :

6	livres peut décharger	12	fusées de	6 livres.
9	id.	10	id.	9
12	id.	8	id.	12
18	id.	6	id.	18
24	id.	4	id.	24

En faisant ces voitures plus légères, une voiture de fusées de :

6 l.,	peut déch.	20 fus.	dans une vol. et porter	112 ch.
9	id.	20	id.	170
12	id.	10	id.	160

En diminuant le nombre des tubes, on peut construire des voitures qui n'exigent pas beaucoup de chevaux ; mais pour faire le meilleur emploi possible des fusées en campagne, sir William Congrève propose d'en confier le service aux mains d'un corps de l'armée déjà existant, qui s'étudierait à en développer la puissance et coûterait peu à l'État. Tout cela est demandé en dehors du prix de l'arme elle-même, qui ne consiste qu'en quelques simples articles d'équipement, tels que tubes, fontes, etc. Le prix d'un tube de fusée de 6 livres est de 2 à 3 liv. sterling.

La cavalerie, armée de fusées, peut encore agir comme cavalerie. Un régiment de cavalerie de 1,000 hommes peut porter en campagne 6,000 charges de fusées de 6 livres avec 330 tubes à fusées. Lorsqu'on se sert du tube, la nature du terrain importe peu, parce qu'une fois que le tube est couché, il n'exige aucune élévation après le tir, et qu'aucun recul ne le dérange.

Mille fantassins peuvent porter 3,000 charges de fusées de 6 livres, ou 6,000 charges de fusées de 3 livres, le poids attribué à chaque homme n'étant pas supérieur à celui de 60 cartouches à balles de fusil. Ces fusées ont, à 700 ou 800 mètres, une plus grande force de pénétration qu'un autre projectile de même calibre. Les fusées sont couchées sur la terre à 20 pas en avant du régiment; cela s'appelle le terrain de volée. Ceux qui ont été témoins de l'effet produit par dix ou douze de ces fusées tirées sur la terre, la labourant comme un boulet, et ne s'élevant jamais au delà de la tête d'un homme pendant les 3 ou 400 premiers mètres, peuvent aisément concevoir les épouvantables ravages exercés par une volée de 1,000 ou 500 fusées. L'infanterie peut être équipée pour porter, dans une proportion moindre, 12, 18 et même 32 livres de carcasses de fusées, de manière qu'en peu d'heures, 1,000 fusées, chacune égale à un obus de 10 pouces, puissent être lancées sur un point donné au maximum de portée de 3,600 mètres.

L'infanterie aurait naturellement un approvisionnement de réserve dans des caissons.

L'absence de recul offre d'immenses avantages pour le service de la marine, puisque de petites embarcations peuvent lancer de grosses fusées. L'appareil pour les fusées est si simple, qu'il n'exige aucun changement dans la construction des vaisseaux et ne porte aucune atteinte aux autres services d'un navire. Un brick de guerre peut tirer une bordée de vingt fusées de 32 livres : par conséquent dix bricks peuvent, en peu d'instants, tirer 200 fusées de 32 livres, dont chacune est égale à un projectile sphérique de 10 pouces.

Au besoin, vingt bricks pourraient tirer 400 fusées d'une seule bordée.

Selon Sir William Congrève, « il est évident que « l'introduction récente de la navigation à vapeur « ouvre un nouveau champ à la guerre maritime, « en se combinant avec l'emploi de grosses fusées.... « La simplicité du gréement, la rareté des cordages « sur le pont, le petit nombre d'hommes nécessaires « pour orienter les voiles, tout concourt à rendre « particulièrement les bâtiments à vapeur propres à

« l'emploi le plus étendu et le plus puissant des « grosses fusées de tous genres (1). »

Extrait du rapport du lieutenant-colonel Fyers.

« Une partie des sapeurs et mineurs furent em- « ployés par le lieutenant-colonel Jones, comman- « dant le corps royal du génie à Woolwich, pour « s'assurer de la pénétration des fusées de 12 li- « vres (2) tirées vers la butte du polygone de cette « ville, à la distance de 1,200 mètres; lorsqu'on « fouilla le terrain en notre présence, on trouva que « plusieurs y avaient pénétré de 21 à 22 pieds, et

---

(1) On nous pardonnera sans doute de rappeler, comme preuve de l'énorme puissance de pénétration des fusées, un rapport cité par Sir William Congrève, signé par le père de l'auteur de ces notes, feu le major général Peter Fyers, officier d'artillerie, fort instruit et très-estimé, qui commanda la brigade de *fuséens* pendant environ dix ans, et qui avait la plus haute idée des services que peut rendre la fusée comme arme auxiliaire de guerre. Pendant cette période, l'auteur lui-même a eu de fréquentes occasions de voir employer cette arme; occasions qui se sont reproduites depuis fort rarement, il est vrai, dans sa carrière d'officier d'artillerie, mais qui l'ont convaincu de l'importance immense qu'il y aurait à lui donner un plus grand développement. (N. A.)

(2) Les fusées sont désignées d'après leur poids actuel, de même que les boulets de canon. (N. A.)

« que leurs obus avaient éclaté à cette profondeur. « Cependant, on suppose habituellement que les « troupes sont abritées contre le feu de l'artillerie « de campagne, lorsqu'elles sont couvertes par des « ouvrages en terre de 12 pieds d'épaisseur. »

« *Signé* : P. Fyers,

Lieutenant-colonel au corps royal de l'artillerie, commandant le corps des Fuséens. »

Le colonel Chesney présente dans son ouvrage sur les armes à feu quelques remarques intéressantes sur l'emploi des fusées à la guerre. D'après ce qu'il dit, il paraît que l'armée américaine a adopté sur une vaste échelle les fusées brevetées, *sans baguettes*, de M. Hale, et qu'elle en a tiré grand parti pendant la guerre du Mexique. Naturellement, s'il était reconnu que ces fusées sans baguettes eussent la même force que nos fusées à la Congrève, elles offriraient un avantage important.

Le numéro de la *Revue militaire* des États-Unis, du mois de février dernier, renferme un article sur les fusées de guerre, écrit avec beaucoup de talent et qui doit être continué ; il mérite assurément un examen très-attentif. Il préconise l'emploi étendu des fusées pour remplacer l'artillerie, dans le cas seulement où celle-ci cesse d'être efficace, car on ne doit pas appréhender d'être jamais embarrassé par une artillerie trop nombreuse ; il faut plutôt craindre le contraire ; et, comme le dit l'auteur même de cet article : « Nous sommes tellement convaincus de la « supériorité constante du canon, que nous ne « croyons pas qu'une fusée puisse atteindre sa pré- « cision et sa justesse. Ceci ne peut faire ques- « tion. »

L'opinion du maréchal Marmont sur les fusées comme engin de guerre est bien connue ; elle est citée tout au long dans les remarques très-intéressantes dont nous parlons. Il recommande d'avoir dans chaque régiment un grand nombre d'hommes exercés à la manœuvre des fusées, et de porter dans des caissons un approvisionnement convenable de tubes portatifs, etc.

Le lieutenant-général Théobald, de l'armée de Wurtemberg, est aussi d'avis « qu'une guerre de ti- « railleurs, conduite avec l'adjonction des fusées, « est le moyen le plus énergique à adopter dans une « guerre nationale (1). »

---

(1) Depuis que ceci a été écrit, le numéro du mois de mars de la *Revue militaire* des États-Unis a paru ; il contient la conclusion de l'article sur l'emploi des fusées de guerre. D'après ce rapport, il paraît que le lieutenant-colonel Pictet, du génie suisse, a réussi à donner de grands perfectionnements à la fusée à la Congrève. Tout porte à faire voir quels ardents efforts font les étrangers pour perfectionner et développer ce puissant projectile. (N. A.)

Le même article renferme quelques excellentes remarques qui méritent une sérieuse attention sur le *fusil de rempart français* se chargeant par la culasse, et qui a été employé avec tant de succès en Afrique comme auxiliaire de l'infanterie; on le transporte, soit sur une voiture à deux roues, soit sur un cheval de bât.

Pour le service des fusées, on pourrait organiser un régiment d'hommes montés qui, au besoin, fournirait aux régiments de cavalerie des détachements qui les suivraient partout; mais, dans ce cas, il faudrait tirer beaucoup de fusées en présence de la cavalerie pour habituer les chevaux au bruit et au fracas de ce projectile qu'aucun cheval ne peut d'abord souffrir, ce qui rend l'usage des fusées si formidable contre la cavalerie.

On peut également former un corps ou régiment de *fuséens* à pied, dont une compagnie serait attachée d'une manière permanente aux régiments de ligne, dans certaines circonstances.

La brigade de fuséens serait aussi réorganisée sur le pied où elle était du temps de sir William Congrève.

Il n'y a aucun doute que la fusée serait une arme auxiliaire très-puissante dans une guerre défensive.

Naturellement, chaque division de chaloupes-canonnières aurait un certain nombre de canots de fusées qui concourraient avec elles à l'action.

—

APPENDICE.

Note du colonel Le Couteur, de la milice royale de Jersey, aide-de-camp de Sa Majesté.

Au sujet de l'artillerie de milice, le colonel Le Couteur a eu l'obligeance de présenter un rapport sur le mode d'organisation de l'artillerie de la milice royale de Jersey, qui a atteint un très-haut degré de perfection; il y a joint ses propres observations qui nous sont très-précieuses. Dans une lettre particulière sur ce sujet intéressant, en date du 6 février, le colonel Le Couteur cite avec raison l'ouvrage du colonel Chesney, page 110, pour démontrer « qu'il « n'y a que 52 pièces de campagne dans la Grande-« Bretagne; » tandis que, ainsi que le prouve le colonel Chesney, page 111, « il nous faudrait 450, ou « au moins 333 canons, pour mettre l'artillerie en « rapport avec les 150,000 hommes de troupes ré-« gulières et de milice, que le duc de Wellington

« considérait comme le minimum indispensable à la « défense de la Grande-Bretagne et de l'Irlande. »

Après avoir déploré cet état de choses « due au « système aveugle d'économie imposé au gouver- « nement, » le colonel Le Couteur fait observer qu'une artillerie de 450 pièces est justement la force qui, d'après le baron Maurice, serait attachée à une armée française d'invasion dirigée simultanément sur trois points différents de notre côte. Il remarque que, puisque cette arme, dont on doit attendre le plus grand appui, est numériquement la plus faible, ce serait rendre un service immense au pays, si les villes et les communes limitrophes de la côte sud enrôlaient des volontaires pour les batteries, brigades ou subdivisions de campagne, selon leur population en hommes et en chevaux, et leur proximité du lieu présumé de débarquement de l'ennemi. Il insinue qu'un sergent de l'artillerie royale pourrait être attaché à chaque batterie, pour y remplir les fonctions de sergent-major, et que l'on recruterait aisément beaucoup de bons sous-officiers congédiés de ce corps pour faciliter cette organisation. Le colonel ajoute que, si ce projet était ratifié, on ne manquerait certainement pas de volontaires très-aptes à ce genre de service qui finirait par devenir très-populaire chez la nation anglaise, et serait, concurremment avec la garde nationale à cheval et l'infanterie provinciale armée de carabines, un appui très-puissant pour l'armée régulière.

Ce système de défense, dit le colonel, est en usage dans le canal d'Islande et dans l'île de Jersey où l'organisation de la milice a été portée à un haut degré de perfectionnement. Il existe dans cette île 24 pièces de canon de 9 livres, manœuvrées et conduites par les insulaires; les officiers et canonniers, volontaires par excellence, sont tous des jeunes gens appartenant à la haute bourgeoisie et aux classes aisées des cultivateurs; les conducteurs sont rétribués pour leurs chevaux, en compensation de ceux qui n'accomplissent pas ce devoir personnel; les canonniers sont pris parmi les fermiers ou les artisans, tels que charrons, charpentiers, forgerons, tous hommes qui, en un mot, ayant l'habitude de la ligne droite, ont les organes visuels parfaitement disposés pour pointer un canon, et dont les professions les rendent d'ailleurs très-propres à réparer, au besoin, les affûts, etc.

Ces artilleurs volontaires sont parfaitement exercés aux manœuvres de force, etc. Pendant deux ans, ils font des écoles à feu en tirant, tantôt sur des objets mobiles, tantôt sur un but fixe, et, en général, leur tir est excellent.

Le colonel en appelle avec confiance à tous les officiers d'artillerie, du génie et d'infanterie pour leur demander, si l'on peut trop estimer une telle force, appuyée par l'infanterie et la cavalerie, et que l'on opposerait à la descente d'un ennemi qui se trouverait ainsi, en deçà de 1,500 mètres, exposé au feu convergent d'un si grand nombre de pièces.

Le major général Lewis, qui a rendu lui-même un service très-important à Jersey en discutant avec talent et succinctement la brochure du baron Maurice, dit, en parlant de la défense de la côte sud de Londres : « Que, pendant la paix, on devrait construire, « près de la côte, des casernes qui formeraient des « postes permanents, pourvues de vivres et de munitions et pouvant transporter leurs garnisons sur « les points menacés, au moyen de chemins de fer « parallèles à la côte ; ces garnisons seraient environ de 2,000 hommes chaque et composées de « deux ou trois bataillons d'infanterie, deux escadrons de cavalerie et deux batteries d'artillerie (1). »

Cinq de ces garnisons sont indiquées sur une étendue d'environ quatre-vingts milles, depuis Ashford, par Battel, Lewes et Shoreham jusqu'à Chichester. Il serait difficile de concevoir une ligne d'observation pour 10,000 hommes de troupes plus utile, plus parfaite et en même temps plus économique.

Admettons qu'un débarquement ne soit tenté que sur un seul point : comme une des petites brigades sus-mentionnées ne pourrait couvrir qu'un espace de six à sept cents mètres, l'appui le plus efficace et le plus promptement formé qu'on devrait lui fournir

(1) Nouvelles séries des mémoires professionnels du génie royal. Vol. 11, page 126.

serait évidemment l'artillerie. En suivant donc l'ordre d'attaque proposé par le baron Maurice, si les villes de Rye, Winchelsea, Battel et Hastings montraient de la bonne volonté, ne pourraient-elles pas équiper en hommes et en chevaux deux batteries de campagne ou douze pièces ; de Bexhill à Eastbourne une batterie ou six pièces, Brighton douze pièces, Lewis et Seaford six; entre Shoreham, Worthing, Arundel et Chichester deux ou trois batteries, ou douze à dix-huit pièces? De cette manière, on verrait surgir une force volontaire de quarante-deux ou quarante-huit pièces qui fournirait l'appui le plus nécessaire et dont l'emploi n'exigerait d'abord que quatre chevaux par pièce et par caisson; en temps de guerre il en faudrait six. Notre intention n'est pas d'entrer dans plus de détails; nous ferons seulement remarquer que, par sa nature, une telle arme n'exciterait pas la jalousie des autres troupes : les mieux disciplinées accepteraient son puissant concours; ses avantages sont réels : les conducteurs montent à cheval; les pièces arrivent fraîches pour l'action, elles présentent un aspect imposant, leur puissance énorme inspire à tous une grande confiance. Une centaine de pièces peuvent ainsi jeter le trouble parmi les troupes de débarquement les mieux aguerries. Il nous est arrivé à nous-mêmes de débarquer sous le feu de la mousqueterie et de deux pièces seulement; or, sans les sages dispositions prises alors par le général Lewis, l'insuccès eût été certain.

Lorsque l'Angleterre fut menacée par la flotte espagnole, un vieil auteur écrivait avec emphase : « Il est certain qu'en Angleterre, il n'y a pas un village, tel petit qu'il soit, assez pauvre pour ne pouvoir équiper à sa charge trois ou quatre soldats au moins, soit un archer, un canonnier et un piqueur. » Ainsi donc quand les villes maritimes de l'Angleterre voudront mettre en avant tout ce qu'elles peuvent déployer de forces volontaires semblables, aidées par les corps de carabiniers à pied et la garde nationale à cheval, tirés des villes et villages du centre, alors les hommes de cœur de la vieille Angleterre pourront braver la coalition armée du monde entier.

Lois du roi Henri VIII, relatives à la défense du royaume (1).

D'après la trente-troisième loi d'Henri VIII, tout homme au-dessous de soixante ans qui n'était pas

(1) Cet extrait, ainsi que le mémoire qui suit, sont tirés d'une brochure intitulée : *Considérations sur les meilleurs moyens d'assurer la défense intérieure de la Grande-Bretagne*, par le capitaine Barber, commandant le corps des tirailleurs du duc de Cumberland. Librairie militaire d'Egerton, Witehall, 1805.

soumis à un travail d'artisan ou exempté légalement par des fonctions ecclésiastiques ou judiciaires, devait prendre part aux exercices du grand arc ; les enfants recevaient cette instruction sous la direction de leurs pères, gouverneurs ou maîtres; chaque individu qui, dans sa maison, avait un ou plusieurs enfants âgés de sept à dix-sept ans, devait être muni d'un arc et de deux flèches pour chacun d'eux ; s'ils étaient ses serviteurs, le prix de l'arc et des flèches pouvait être prélevé sur leurs gages ; passé cet âge, ils devaient eux-mêmes se munir d'arcs et de flèches. Les personnes qui enfreignaient ces lois étaient passibles des pénalités suivantes :

Tout parent ou maître négligeant, pendant un mois, de donner à un ou des enfants au-dessous de dix-sept ans un arc et des flèches, payait, pour chaque négligence, une amende de 6 shellings et 6 deniers; tout domestique mâle à gages, âgé de 17 à 60 ans, qui négligeait de s'approvisionner comme il est dit ci-dessus, payait également 6 shellings et 8 deniers.

Pour perfectionner la justesse de leur coup d'œil et, par suite, donner plus de force à l'arme, aucun de ceux âgés de moins de vingt-quatre ans ne pouvait tirer sur un but fixe, à moins que ce ne fût en courant, et, alors, à chaque coup, il devait changer de but, sous peine d'une amende de 4 deniers. Personne, au-dessus de cet âge, ne devait tirer à la cible à une distance moindre que deux cent vingt mètres, sous peine de 6 shellings et 8 deniers pour chaque coup.

Tous les habitants des villes avaient l'ordre de faire des cibles et de les entretenir; sinon, ils payaient vingt shellings par mois et allaient eux-mêmes à l'exercice tous les dimanches.

Le roi chercha en outre à ennoblir ce mâle exercice du tir, en octroyant une charte à la compagnie des archers, qui prirent le nom de confrérie de Saint-Georges ; cette charte les autorisait à pratiquer le tir sur toute sorte de cibles, aussi bien dans la ville que dans les environs, avec de longs arcs, des arbalètes et des canons à main. D'après une clause, si quelqu'un était blessé au tir, pendant ces jeux, par la flèche d'un archer, celui-ci n'était ni poursuivi ni inquiété s'il avait crié le mot *vite* immédiatement avant que le coup partît.

Le chef de ces archers s'appelait le prince Arthur et tous les autres étaient des chevaliers; le principal lieu de réunion pour ces exercices était *Mile End* (1), que le roi lui-même honorait souvent de sa présence; on en trouve la preuve dans l'*Histoire de Londres* par Camberlain, page 192.

C'est par ces moyens que le vigoureux roi Henri fit de son peuple une nation de guerriers.

---

(1) *Mile End*, nom d'une route à l'extrémité orientale de Londres. (N. T.)

Chasseurs américains et Chasseurs allemands.

Dans tous les pays, il y a des hommes dont la mission est de guetter ou de tirer le gibier, ce qui exige beaucoup d'adresse et de précision dans le tir. Les forêts épaisses de l'Amérique, et particulièrement celles de l'Allemagne, permettent d'employer sur une vaste échelle cette espèce d'hommes; elles abondent en daims et autres animaux dont la peau a autant de valeur que la chair, ce qui exige non-seulement qu'ils soient tués, mais encore que le coup qui les frappe n'altère pas la qualité de la peau; on conçoit donc qu'une grande justesse dans le tir est nécessaire. Or, toute perfection qui dépend de l'exercice individuel, est bien plus tôt atteinte, lorsqu'elle a pour mobile la nécessité et l'intérêt privé. Cet état de choses, en Allemagne et en Amérique, a pour conséquence de donner une supériorité marquée aux carabiniers à pied de ces contrées.

Dans les dernières guerres que soutinrent ces deux pays, les hommes étaient enlevés à leurs travaux champêtres, organisés sur un pied militaire, mais non toutefois soumis à l'éducation minutieuse du service; on leur apprenait souvent à utiliser leur talent dans l'occasion. L'effet qu'ils produisaient dépassait toutes les prévisions, au point que les hardis et braves vétérans qui, jusque-là n'avaient jamais connu la crainte en affrontant leurs semblables, étaient épouvantés en voyant une mort certaine au bout de l'arme des carabiniers qui ne respectait aucun abri et contre laquelle aucune attaque serrée ne pouvait rien. Dès le premier jour où commencèrent les hostilités entre la Grande-Bretagne et ses colonies, les troupes régulières anglaises perdirent 250 hommes, et les insurgés américains, quoique fuyant devant elles, seulement soixante.

Lorsqu'ils étaient à l'abri d'une attaque serrée, le bon marché que les Américains faisaient de nos troupes, en raison de l'inhabileté de celles-ci comme tireurs, se trouve expliqué par le fait suivant, que rapporte le lieutenant-colonel Marc Leroth, du 95e carabiniers : « Un officier ennemi à cheval était sur « le point d'être fait prisonnier; une seule issue s'of- « frait à lui comme unique chance de salut ; ce che- « min longeait notre front de bataille et se trouvait « dans les limites de la portée de notre mousqueterie; « l'officier saisit cette alternative, et, quoique toute « notre brigade tirât sur lui, homme et cheval s'échap- « pèrent sains et saufs. Quant aux carabiniers amé- « ricains, ajoute le colonel, ils voltigeaient autour « de notre armée et, pendant leur marche irrégu- « lière nous attaquaient sans la plus petite crainte, « comme aurait fait une meute de chiens aboyant « autour d'une charrette ou d'un fourgon. »

Un autre officier raconte aussi le fait suivant :

« Un détachement d'infanterie de l'armée royale

« accomplissait une marche dans une partie du pays « abandonnée par l'ennemi ; ce ne fut pourtant pas « sans obstacle. On aperçut à quelque distance de la « tête de colonne un homme du parti opposé, armé « d'une carabine, et monté sur un mauvais cheval « gris ; bientôt après, un coup partit et l'un des « nôtres tomba roide mort. On vit alors le tireur « s'éloigner à loisir au petit galop ; le détachement « ne put prendre aucune revanche, obligé qu'il « était de pousser en avant. Quant à l'homme, il « s'était embusqué dans une autre position sur la « ligne que suivait la troupe, et, bientôt, un autre « soldat tomba sacrifié à la justesse de son coup « d'œil ; le détachement perdit de la même manière « sept soldats, tués ou blessés, par un paysan peu « guerrier, et cela, avec la mortification de ne pou- « voir songer à les venger. » Ce fait démontre victorieusement qu'un bon tireur, *qui a le terrain pour lui*, peut porter un défi à toute une armée qui n'a pas de cavalerie.

L'anéantissement de l'armée du brave Ferguson par un rassemblement de carabiniers à pied prouve que l'utilité *des bons tireurs* doit s'étendre au delà des opérations défensives et partielles, et que lorsqu'ils sont réunis en assez grand nombre, ils contre-balancent l'investissement et l'effet destructeur des troupes régulières.

Dans cette occasion, les chasseurs américains étaient tous montés à cheval et armés de carabines;

chacun portait ses vivres dans un bissac, de façon que leurs mouvements n'étaient jamais arrêtés par l'encombrement des voitures de transport ou par les lenteurs des services publics. La vigilance de Ferguson prévint toutefois une surprise; lorsqu'ils étaient encore à quelque distance, il fut averti de leur approche par ses éclaireurs; alors il opéra de suite sa retraite vers l'armée anglaise et expédia des courriers à lord Cornwallis pour lui donner avis de son danger; malheureusement, ceux-ci furent interceptés. Lorsque les différents contingents de montagnards atteignirent Gilbert Town, ce qui eut lieu presqu'en même temps, ils montaient à plus de 3,000 hommes. Parmi eux, 1,500 hommes des meilleurs, montés sur de rapides coursiers, furent envoyés à la poursuite de Ferguson, et l'atteignirent le 9 octobre, à King's-Mountain.

A l'approche de l'ennemi, il fit halte, et, après avoir pris les meilleures positions qu'il put trouver, il se détermina à attendre l'attaque. De sa hauteur, King's-Mountain offrait certainement une position convenable pour recevoir l'attaque; mais, sous un autre rapport, elle était avantageuse pour les assaillants, en ce qu'étant très-boisée, elle leur permettait de combattre en avançant, tout en se mettant à couvert derrière les arbres. Quand ils approchèrent de la montagne, ils se divisèrent en plusieurs corps et attaquèrent de différents côtés sous la conduite de leurs chefs respectifs. Le détachement du colonel

Cleveland, engagé le premier, fut bientôt obligé de se retirer devant les baïonnettes. A peine ce détachement avait-il lâché pied que celui du colonel Kelly tomba inopinément sous un feu bien dirigé, et il fut également forcé de se replier. En même temps, le corps du colonel Campbell avait gravi la montagne et recommencé l'attaque d'un autre côté. Le major Ferguson, dont la conduite égalait le courage, présenta de suite un nouveau front et obtint un nouveau succès.

Aussi souvent qu'un des détachements américains était repoussé, un autre venait le remplacer, et, embusqué derrière les arbres, il fournissait un feu régulier et meurtrier, L'engagement dura ainsi près d'une heure, les montagnards fuyant dès qu'il y avait pour eux danger d'être chargés à la baïonnette, et retournant au combat aussitôt que les Anglais faisaient face en arrière pour repousser quelque autre parti. Déjà cent-cinquante hommes du corps du major Ferguson étaient tués et beaucoup d'autres blessés. Cependant, le courage invincible de ce brave officier l'empêcha de se rendre ; il persévéra et repoussa de toutes parts les attaques successives jusqu'à ce qu'il eût lui-même reçu une blessure mortelle. La perte du major Ferguson amena inévitablement le découragement chez ses soldats ; animés par son noble exemple, ils avaient jusqu'ici persévéré malgré tous leurs désavantages ; ils plaçaient à juste titre la plus grande confiance dans les ressources de son génie fécond, et avec lui périssaient toutes leurs espérances. Dans cette occurrence, le commandant en second, jugeant que toute résistance était vaine, offrit de se rendre et demanda quartier. Les prisonniers, y compris les blessés, montaient à 810 hommes, dont à peu près 100 seulement de troupes anglaises régulières. La perte des Américains était insignifiante, ils n'avaient que vingt hommes tués, mais un grand nombre de blessés. Ils ternirent honteusement leurs lauriers en faisant pendre dix des prisonniers aussitôt après l'action.

Ce furent principalement les carabiniers américains qui, en 1781, opérèrent la réduction des forts Watson et Augusta. Pour commander ces forts, ils avaient construit des ouvrages d'une hauteur convenable, appelés batteries de carabines, d'où les carabiniers tiraient avec une telle précision que les canonniers étaient ou tués ou chassés de leurs pièces, et qu'aucun soldat de la garnison ne pouvait se montrer sans être atteint d'un coup de feu.

Le lieutenant-colonel Mac Leroth, de l'ancien 95e carabiniers, a rapporté qu'au siége de la ville d'York, chacun de nos soldats portait trois sacs de sable, qu'il posait sur le parapet; deux étaient placés parallèlement entre eux, à une petite distance l'un de l'autre, et le troisième en croix par-dessus eux, de manière à former une meurtrière à travers laquelle les soldats pouvaient tirer; cependant, les carabiniers américains étaient si adroits que dès qu'ils voyaient un fusil s'avancer dans l'ouverture, ils visaient dans cette direction et atteignaient souvent les hommes à la tête.

Il mentionne aussi qu'il gagna deux grades dans son régiment par suite de la mort des officiers tués par les carabiniers, le dernier, entre autres, atteint mortellement au moment où il regardait tranquillement par-dessus le parapet au siége de la ville d'York.

Ces chasseurs, qui rendaient de si grands services en Amérique, étaient des gardes-chasse appartenant aux princes de Hesse et de Anspach et n'avaient du soldat que l'art redoutable de tuer leurs adversaires.

Les soldats ne doivent pas tous être indistinctement armés de carabines. La nouveauté de cette arme et l'attrait de l'uniforme pourront faire préférer ce service par quelques hommes qui n'ont ni les capacités nécessaires, ni le désir sérieux de devenir de bons tireurs. La carabine n'offre de justesse que dans les mains d'un bon tireur ; si le talent manque, elle n'est pas d'un meilleur usage que le fusil ordinaire.

Les officiers expérimentés pensent que les corps volontaires ne doivent être soumis qu'aux mouvements les plus simples, et qu'après la première condition de fournir de bons tireurs, la chose essentielle est qu'ils soient bons marcheurs. Une soumission franche et prompte aux règles de la discipline militaire, est également de rigueur ; cependant, de bons tireurs, quoique non enrôlés, peuvent rendre d'excellents services.

Tout corps volontaire ou autre qui ne veut pas se mettre en frais pour organiser une musique militaire, doit suivre la coutume si répandue parmi les troupes allemandes de chanter en plusieurs parties. Cela produit un bon effet en réveillant le courage, et, de cette manière, chaque compagnie ou chaque détachement porte toujours avec soi-même sa musique vocale. Quoique nos compatriotes ne possèdent pas le goût musical au même degré que les Allemands, ils ont cependant plus de talent dans ce genre-là qu'on ne le suppose généralement.

TABLE.

FIN DE LA TABLE.

NOUVELLES PUBLICATIONS

En vente à la Librairie militaire, maritime et polytechnique de J. Corréard, rue Christine, 1.

RECUEIL DES BOUCHES A FEU,

Les plus remarquables depuis l'origine de la poudre à canon jusqu'à nos jours.

Commencé par M. le général d'artillerie Marion, et continué, sur les documents fournis par MM. les officiers des armées françaises et étrangères, par Martin de Brettes, capitaine d'artillerie. lerie à l'état-major de l'École polytechnique, et J. Corréard, directeur du *Journal des Sciences militaires.* L'ouvrage est divisé en trois parties : la première partie est composée des planches 1 à 80 (livraisons 1 à 20); la deuxième partie est composée des planches 81 à 100 (livraisons 21 à 25); la troisième partie est composée des planches 101 à 120 (livraisons 26 à 30). Le supplément à la première partie comprend 10 planches (80 A à 80 J). L'ouvrage complet est composé d'un volume in-4° de texte avec un atlas grand in-folio de 130 planches. . . . . 450 fr.

Histoire de l'ancienne Infanterie française, avec atlas renfermant la série complète, dessinée par Philippoteaux et coloriée avec beaucoup de soin, des uniformes et des drapeaux des anciens corps de troupes à pied, par Louis Susane, chef d'escadron d'artillerie. L'ouvrage complet est composé de 8 vol. in-8°, avec un atlas de 152 planches grand in-8° jésus. . . . . 120 fr.

De la guerre, par le général Charles de Clausewitz. Publication posthume, traduite de l'allemand par le major d'artillerie Neuens. 3 vol. in-8° en 6 parties. . . . . 30 fr.

Commentaires sur le Traité de la Guerre de Clausewitz, par Ed. de la Barre-Duparcq, capitaine du génie, professeur d'art militaire à l'école de Saint-Cyr. 1 vol. in-8°. . . 7 fr. 50

LIBRAIRIE

MILITAIRE, MARITIME

ET

POLYTECHNIQUE.

J. CORRÉARD,

LIBRAIRE-ÉDITEUR ET LIBRAIRE-COMMISSIONNAIRE.

PARIS,

RUE CHRISTINE, N° 1.

1853.

A Messieurs les Officiers de l'armée.

MESSIEURS,

J'ai l'honneur de vous adresser le Catalogue des livres militaires dont je suis éditeur. Je pense que l'utilité de ces publications vous déterminera à fixer votre choix sur quelques-uns de ces ouvrages, et pour vous en faciliter l'acquisition je viens vous les offrir :

à 12 mois de crédit pour les commandes au-dessus de 100 fr.
à 6 mois. . . . . . . id. . . . . au-dessus de 50 fr.
à 3 mois. . . . . id. . . . . au-dessus de 25 fr.
à la condition que le prix total de ces commandes sera payable par fractions de 25 fr. au moins par trimestre.

Je profiterai de cette occasion pour vous rappeler, Messieurs, que j'édite tous les ouvrages relatifs à l'art et à la science militaires. Si vous aviez quelque traité ou mémoire que vous voulussiez publier, je vous prierais de m'en adresser le manuscrit par la diligence; et, après en avoir pris connaissance, j'aurais l'honneur de vous faire mes propositions.

Veuillez agréer, Messieurs, l'hommage de la haute estime et de l'entier dévouement avec lesquels j'ai l'honneur d'être, votre très-humble et très-obéissant serviteur.

J. CORRÉARD,
ancien ingénieur.

NOTA.—J'ai l'honneur de faire à MM. les Officiers, mes offres de service pour tous les livres dont ils pourraient avoir besoin, je les leur procurerai, mais à condition qu'ils m'autoriseront, pour tous les ouvrages militaires, ou autres, dont je ne suis pas l'éditeur, à tirer sur eux, à *quatre-vingt-dix jours* de date, partir du jour de l'envoi.

Les lettres et paquets doivent être adressés francs de port.

CATALOGUE

DE

LIVRES MILITAIRES

PUBLIÉS PAR J. CORRÉARD,

Ancien Ingénieur.

ALLIX (Lieutenant général). Sur l'Ordonnance relative au personnel de l'artillerie, broch. in-8, 1832. 1 fr. 25

ANDRÉOSSY (le comte), lieutenant général. Opérations des pontonniers français en Italie pendant les campagnes de 1795 à 1797, et Reconnaissance des fleuves et rivières de ce pays, avec planches, 1 vol. in-8, 1843. 7 fr. 50

APERÇU HISTORIQUE ET CRITIQUE sur le Ministère de la guerre du royaume de France, broch. in-8, 1832. 1 fr. 25

ARCY (le chevalier d'), membre de l'Académie royale des sciences. Mémoire sur la théorie de l'Artillerie ou sur les effets de la poudre et sur les conséquences qui en résultent par rapport aux armes à feu, avec planche, broch. in-8, 1846. 2 fr. 75

ARMÉE et le PHALANSTÈRE (l'), ou lettre d'un sabre inintelligent à une plume infaillible, broch. in-8, 1846. 2 fr. 50

ARTILLERIE A CHEVAL (l') dans les combats de cavalerie. Opinion d'un officier de l'artillerie prussienne. Traduit de l'allemand par le général baron Ravichio de Peretsdorf, avec plans, broch. in-8, 1840. 2 fr. 75

AUGOYAT, lieutenant-colonel du génie. Mémoires inédits du maréchal de Vauban sur Landau, Luxembourg et divers sujets, extraits des papiers des ingénieurs Hüe de Caligny, et précédés d'une notice historique sur ces ingénieurs, siècles de Louis XIV et de Louis XV, 1 vol. in-8, 1841. 7 fr. 50

ARTILLERIE NOUVELLE (1850), ou Considérations sur les progrès récents faits dans l'art de lancer les projectiles, par M. ****, capitaine d'artillerie, broch. in-8, 1850. 2 fr.

BARDIN (général). Notice historique sur Guibert (Jacques-Antoine-Hippolyte comte de), broch. in-8, 1836. 2 fr.

BARDIN (le général baron). Dictionnaire de l'Armée de terre, ou Recherches historiques sur l'art et les usages militaires des anciens et des modernes. Ce grand ouvrage est entièrement terminé. *Il forme une Bibliothèque complète de la science des armes.* Il est composé de 5,337 pages de texte formant 4 volumes de 13 à 1400 pages chacun. 1851. 119 fr.

Depuis plus d'un an que cet ouvrage remarquable est en vente, sa haute valeur scientifique et littéraire a pu être appréciée. On se bornera donc à répéter qu'il a obtenu le suffrage officiel de M. le Ministre de la Guerre, qui par une Circulaire du 26 février 1851, l'a signalé comme étant *le fruit de longs et consciencieux travaux d'un officier général qui a laissé de beaux souvenirs dans l'armée, et comme pouvant être utile aux officiers et sous-officiers qui s'occupent d'études sérieuses sur l'art militaire et sur l'administration*; — enfin que M. le Ministre a autorisé les conseils d'administration à en faire l'acquisition.

BIRAGO (le chevalier de), major au grand état-major général autrichien. Recherches sur les Équipages de ponts militaires en Europe, et Essai sur tout ce qui a rapport à l'amélioration de ce service. Traduit de l'allemand par Tiby, capitaine d'artillerie, avec 4 planches, 1 vol. in-8, 1845. 7 fr. 50

BLANCH (Luigi). De la Science militaire considérée dans ses rapports avec les autres sciences et avec le système social. Traduit de l'italien par HACA, capitaine d'infanterie (*Sous presse*).

BLESSON (Louis). Esquisse historique de l'art de la fortification permanente, traduite de l'allemand par Ed. de la Barre Duparcq, capitaine du génie, 1 vol. in-8, avec planches, 1849. 5 fr.

BLOIS (de), capitaine d'artillerie. Traité des Bombardements, Guerre des Siéges, 1 vol. in-8, avec plans, 1848. 7 fr. 50

—Bombardement de Schweidnitz par les Français, en 1807, brochure in-8, avec plans, 1849. 2 fr. 50 c.

BONNAFONT, chirurgien en chef de l'hôpital militaire d'Arras. Nouveau projet de réformes à introduire dans le recrutement de l'armée, ainsi que dans les pensions des veuves des militaires, broch. in-8, 1850. 2 fr.

BORDA (le chevalier de), membre de l'Académie des sciences. Mémoire sur la Courbe décrite par les boulets et les bombes en ayant égard à la résistance de l'air, avec planche, broch. in-8, 1846. 3 fr.

BORMANN, lieutenant-colonel d'artillerie, attaché à la maison militaire de S. M. le roi des Belges. Expériences sur les Shrapnels. Nouveaux développements sur les résultats obtenus en Belgique, broch. in-8, avec planches, 1848. 3 fr. 50

BORN, colonel d'artillerie. Notice historique sur les Ponts militaires depuis les temps les plus reculés jusqu'à nos jours, 1 vol. in-8, 1838. 5 fr.

—Relation des Opérations de l'artillerie française, en 1823, au siége de Pampelune, et devant Saint-Sébastien et Lerida, suivie d'une Notice sur les opérations de l'artillerie dans la vallée d'Urgel en 1823, broch. in-8, 1835. 4 fr.

BOUDIN (J.-Ch.-M.), médecin en chef de l'hôpital militaire de Versailles. Études d'Hygiène publique sur l'état sanitaire, les maladies et la mortalité des armées de terre et de mer. 1846. In-8. 5 fr. 75

BRADDOCK, directeur des poudreries anglaises dans les Indes. Mémoire sur la Fabrication de la poudre à canon, traduit de l'anglais, et accompagné de notes et remarques par Gabriel Salvador, capitaine d'artillerie, 1 vol. in-8, 1848. 5 fr.

BREITHAUPT (lieutenant-colonel). Leçons sur la théorie de l'Artillerie, destinées aux officiers de toutes armes. Traduit de l'allemand par le général baron Ravichio de Peretsdorf, 1 vol. in-8, avec planches, 1842, 7 fr. 50

BRUSSEL DE BRULAND, ancien officier supérieur d'artillerie. Mémoire sur les fusées de guerre, fabriquées à Hambourg en 1813 et 1814, et à Vincennes en 1815. 1 v. in-8, avec atlas in-fol. (*Sous presse*). 15 f.

BURG, capitaine d'artillerie, professeur à l'École royale du génie et d'artillerie de Prusse. Traité de Dessin géométrique ou Exposition complète de l'art du dessin linéaire de la construction des ombres et du lavis, à l'usage des industriels, des savants et de ceux qui veulent s'instruire sans le secours de maîtres; 2ᵉ édition complétement refondue; traduit de l'allemand par le docteur Regnier, 2 vol. in-4 dont un de 30 planches, 1847. 25 fr.

—Traité du dessin et lever du matériel de l'artillerie, ou application du dessin géométrique à la représentation graphique des bouches à feu, voitures, machines, etc., en usage dans l'artillerie, 2ᵉ édit. revue et augmentée, traduit par Rieffel, professeur de sciences appliquées à l'École d'artillerie de Vincennes, 1 vol. in-8, Atlas, 1848. 30 fr.

CANITZ (le baron de) Histoire des Exploits et des Vicissitudes de la cavalerie prussienne dans les campagnes de Fréderic II. Traduit de l'allemand. 1 vol. in-8. 4 fr.

CARRÉ. Expériences physiques sur la Réfraction des balles de mousquet dans l'eau et sur la résistance de ce fluide, broch. in-8, avec planche, 1846. 2 fr. 50

CAVALLI (J.), major d'artillerie de Sa Majesté sarde. Mémoire sur les Equipages de ponts militaires, 1 vol. in-8, avec 10 planches, 1843. 7 fr. 50

—Mémoire sur les canons se chargeant par la culasse, sur les canons rayés et sur leur application à la défense des places et des côtes, 1 vol. in-8, avec atlas in-fol., 1849. 15 fr.

CHARLES (le prince). Principes de la grande guerre, suivis d'exemples tactiques raisonnés de leur application, à l'usage des généraux de l'armée autrichienne. Publication officielle traduite de l'allemand, par Ed. de La Barre Duparcq, capitaine du génie, professeur d'art militaire à l'Ecole spéciale militaire de St-Cyr, in-fol. jésus avec 25 cartes coloriées avec le plus grand soin. 1851. 125 fr.

CHEVALIER. Des Effets de la poudre à canon, principalement dans les mines, broch. in-8, 1846. 2 fr.

CHOUMARA (Th.), ingénieur militaire, ancien élève de l'Ecole polytechnique. Considérations militaires sur les Mémoires du maréchal Suchet et sur la bataille de Toulouse; deuxième édition, augmentée de la correspondance entre un ingénieur militaire français et le duc de Wellington sur cette bataille, 2 vol. in-8, avec plan, 1840. 9 fr.

CLAUSEWITZ (le général Charles de). De la Guerre, publication posthume, traduite de l'allemand, par le major d'artillerie Neuens, 3 vol. in-8, en 6 parties. 1852. 30 fr.

CLONARD (le comte de), utilité d'écrire l'histoire des régiments de l'armée, opuscule suivi de l'histoire du régiment de Jaën. Traduction de l'Espagnol par Ed. de La Barre Duparcq. in-8. 1851. 4 fr.

COLLECTION de Plans généraux d'ensemble et de détail, représentant les bâtiments, machines, appareils et outils actuellement employés dans les fonderies de la marine royale à Ruelle et Saint-Gervais. Publication faite avec l'autorisation du ministre de la marine et des colonies, atlas grand in-fol. 1842. 30 fr.

COOPER (J.-F.). Histoire de la Marine des Etats-Unis d'Amérique. Traduit de l'anglais par Paul Jessé, avec plans, 2 vol. in-8, en quatre parties, 1845 et 1846. 25 fr.

COQUILHAT, capitaine d'artillerie. Expériences sur la résistance produite dans le forage des bouches à feu faites à la fonderie de canons, à Liége, en 1840 et 1841, broch. in-8, avec planches, 1843. 3 fr. 50

— De la Quantité de travail absorbée par les frottements dans le forage des bouches à feu à la fonderie royale de canons de Liége, broch. in-8, 1847. 1 fr. 50

—Expérience sur la résistance utile produite dans le forage du fer forgé, de la pierre calcaire et du grès ainsi que dans le forage et le sciage du bois, faites à Tournay, en 1848 et 1849. br. in-8, 1850: 3 fr. 50

— Expériences faites à Ypres, en 1850, sur la pénétration dans les terres de sondes en fer enfoncées par les chocs d'un belier et application des fourneaux de mines cylindriques et horizontaux à l'ouverture des tranchées, in-8 avec pl. 1851. 3 fr.

CORDA (le baron). Mémoires sur le Service de l'artillerie, spécialement sur le meilleur mode de chargement des bouches à feu, avec planches, 1 vol. in-8, 1845. 7 fr. 50

CORNULIER (M.-E.), lieutenant de vaisseau. Mémoires sur le Pointage des mortiers à la mer, et sur les améliorations du système des hausses marines, avec planches, broch. in-8, 1841. 3 fr.

— Propositions et Expériences relatives au pointage des bouches à feu en usage dans l'artillerie navale, avec planches, 1 vol. in-8, 1843. 7 fr. 50

CORRÉARD (J.), ancien ingénieur. Annuaire des armées de terre et de mer. Cet ouvrage embrasse complétement l'histoire des armées françaises et étrangères et présente des notions étendues sur toutes les armées du monde, 1 vol. in-8 de 500 pages, avec planches, 1836. 7 fr. 50

—Recueil de Documents sur l'expédition de Constantine par les Français, en 1837, pour servir à l'histoire de cette campagne, 1 vol. in-8, avec atlas in-folio. 1838. 15 fr.

—Histoire des Fusées de guerre, ou recueil de tout ce qui a été publié ou écrit sur ce projectile, suivie de la description et de l'emploi des obus à mitraille dits Shrapnels, et des balles incendiaires, 1er vol. in-8, avec atlas, 1841. 15 fr.

—Recueil sur les Reconnaissances militaires, d'après les auteurs les plus estimés, formant un Traité complet sur la matière, 1 vol. in-8, et atlas, 1845. 15 fr.

—Géographie militaire de l'Italie, par le colonel Rudtorffer et Unger, avec une carte, 1 vol. gr. in-8, 1848. 2 fr. 50

COURS sur le Service des officiers d'artillerie dans les fonderies, approuvé par le ministre secrétaire d'Etat de la guerre, le 16 octobre 1839, 1 vol. in-8, et atlas, 1841. 15 fr.

COURS sur le Service des officiers d'artillerie dans les forges, approuvé par le ministre de la guerre, le 3 août 1837, deuxième édition, revue et considérablement augmentée, 1 vol. in-8, et atlas, 1846. 15 fr.

COYNART (de). Transport d'une armée russe sur les bords du Rhin, par les chemins de fer de Czenstochow à Cologne, in-8. 2 fr.

DAMITZ (le baron), officier prussien. Histoire de la Campagne de 1815, pour faire suite à l'histoire des guerres des temps modernes, d'après les documents du général Grolman, quartier-maître général de l'armée prussienne, en 1815, avec plans, traduite de l'allemand, par Léon Griffon, revue et accompagnée d'observations par un officier général français, témoin oculaire. 2 vol. in-8, 1842. 25 fr.

DAVIDOFF (Denis), général. Essai sur la Guerre de partisans, traduit du russe par le comte Héraclius de Polignac, colonel du 25e léger; et précédé d'une Notice biographique sur l'auteur, par le général de Brack, commandant l'Ecole de cavalerie à Saumur, 1 vol. in-8, 1841. 6 fr.

DECKER. Rassemblement, campement et grandes manœuvres de troupes russes et prussiennes, réunies à Kalisch pendant l'été de 1835, avec plans, suivi de deux notes supplémentaires sur le camp de Krasnoïe-Selo, et l'autre sur la nouvelle organisation de l'armée russe, traduit par Haillot, capitaine d'artillerie, broch. in-8, 1836. 5 fr. 75

—Batailles et principaux combats de la guerre de Sept-ans, considérés principalement sous le rapport de l'emploi de l'artillerie avec les autres armes, traduit de l'allemand, par Messieurs le général baron Ravichio de Peretsdorf et le capitaine Simonin, traducteur du ministère de la guerre; revu, augmenté, et accompagné d'observations par J. H. Le Bourg, chef d'escadron au 7e régiment d'artillerie, 1 vol. in-8 et atlas in-4, 1839 et 1840. 22 fr. 50

—Supplément à la troisième édition de la Petite guerre, traduit de l'allemand par le général baron Ravichio de Peretsdorf, in-8, 1840. 2 fr. 75

—De la Petite guerre selon l'esprit de la stratégie moderne, traduit de l'allemand, par L.-A. Unger, avec planches, 1 vol. in-12, 1845. 6 fr.

— Expériences sur les Shrapnels faites chez la plupart des puissances de l'Europe, accompagnées d'observations sur l'emploi de ce projectile. Ouvrage traduit de l'allemand et notablement augmenté par Terquem, professeur aux écoles royales d'artillerie, bibliothécaire du dépôt central d'artillerie et Favé, capitaine d'artillerie, 1 vol. in-8, avec quatre planches, 1847. 8 fr.

—Les trois armes ou Tactique divisionnaire, traduit en français sur la traduction anglaise du major J. Jones, et annoté par A. Demanne, capitaine d'artillerie, in-8. 1851. 4 fr.

DELAMARE, officier au bataillon des gardes

marine. Carte militaire de l'Italie, 1848, 1 feuille sur jésus color. 1 fr. 50. Collée sur toile, avec étui. 3 fr.

DEL CAMPO DIT CAMP (W.-J.), capitaine du génie au service de S. M. le Roi des Pays-Bas. Mémoire sur la Fortification, contenant l'indication et le développement de moyens efficaces de défense, 1 vol. in-8, avec planches, 1840. 7 fr. 50

— Deuxième mémoire sur la fortification, contenant l'analyse de la dépense d'exécution, et le projet d'attaque d'un front bastionné à murailles isolées, d'après les idées développées dans le premier mémoire. in-8. et atlas. 1850. 15 fr.

DELPRAT (J.P.), major dans le corps du génie hollandais. Théorie de la Poussée des terres contre les murs de revêtement, in-8, avec planches, 1846. 3 fr. 50

DELVIGNE (Gustave). De la Création et de l'emploi de la force armée, 1 vol. in-12, 1848. 75 c.

DES DÉFAUTS ET DES QUALITÉS de l'ordonnance sur l'Exercice de l'Infanterie, publiée, le 4 mars 1831, par un général d'infanterie, broch. in-8, 1832. 1 fr. 25

D'HERBELOT, chef d'escadron d'artillerie. Industrie militaire. Broch. in-8, 1850. 2 fr.

DOCUMENTS relatifs au Coton détonant, broch. in-8, 1847. 3 fr. 50

DOCUMENTS relatifs à l'emploi de l'Electricité, pour mettre le feu aux fourneaux des mines, et à la démolition des navires sous l'eau, broch. in-8, avec planche, 1841. 3 fr.

DOCUMENTS relatifs à l'Organisation de l'académie royale militaire de Turin. In-8, 1843. 5 fr.

DOCUMENTS relatifs aux campagnes en France et sur le Rhin, pendant les années 1792 et 1793. 1 vol. in-8, 1848. 5 fr.

DUBOURG (général). Sommaire d'un Plan de colonisation du royaume d'Alger. In-8, 1836. 1 fr. 50

—Organisation défensive de la France. In-8, 1841. 2 fr. 75

— Sur l'Inscription maritime. Son illégalité, ses vices et les entraves qu'elle met au développement de la marine marchande et du commerce maritime. In-8. 2 fr.

—Les Principes de l'organisation de la marine de guerre, suivis de vues nouvelles sur la restauration du commerce maritime de la France. 1 vol. in-8°, 1848. 6 fr.

DUCASSE, capitaine d'état-major. Précis historique des Opérations de l'armée de Lyon, en 1814, 1 vol. in-8, 1849. 6 fr.

— Opérations du neuvième corps de la grande armée en Silésie sous le commandement en chef de S. A. I. le prince Jérôme Napoléon (1806 et 1807), 2 vol. in-8 avec atlas, in-f°. 1851. 18 fr.

—Mémoires pour servir à l'histoire de 1812, suivis des lettres de l'Empereur au Roi de Westphalie, en 1813. 1 vol. in-8, avec carte. 1852. 7 fr.

DU HAMEL. Expériences sur quelques Effets de la poudre à canon, brochure in-8, avec planch., 1846. 2 fr. 50

DUPUGET. De la Construction des batteries dans la pratique de la guerre, avec une notice de M. Favé. In-8, 1846. 2 fr.

DUSAERT (Edouard), capitaine d'artillerie. Essai sur les Obusiers, 1 vol. in-8, 1843. 7 fr. 50

ESPIARD DE COLONGE, maréchal de camp d'artillerie française, mort en 1788. Artillerie pratique employée sous les règnes et dans les guerres de Louis XIV et Louis XV; ouvrage inédit. Seules tables de l'artillerie française avant Gribeauval, 2 vol. in-4, dont 1 de planches. 1846. 50 fr.

ESSAI sur les Chemins de fer, considérés comme lignes d'opérations militaires; suivi d'un projet de système militaire de chemins de fer pour l'Allemagne; traduit de l'allemand par L.-A. Unger, professeur, 1 vol. in-8, avec une carte. 1844. 8 fr.

ÉTUDES POLITIQUES ET MILITAIRES Revue du monde militaire actuel, 1 vol. in-8, 1848. 6 fr.

ETUDES SUR LES SUBSISTANCES MILITAIRES. Réforme de l'administration actuelle, ou le mal et le remède, broch. in-8, 1850. 2 fr.

EXAMEN du Système d'Artillerie de campagne de M. le lieutenant général Allix (janvier 1826), broch. in-8, 1841. 2 fr.

EXAMEN DE L'AFFUT DE SIÉGE, nouveau modèle (juillet 1825), broch. in-8, 1841. 2 fr.

EXPÉRIENCES faites à Brest, en janvier 1824, du nouveau système de Forces navales proposé par M. Paixhans, chef de bataillon d'artillerie de terre; suivies des Expériences comparatives des canons de 80 avec ceux de 36 et 24, et caronades de ces deux derniers calibres, exécutées en vertu d'une dépêche ministérielle en date du 10 août 1824; la première en rade de Brest, sur un ponton servant de batterie, et la deuxième sur une batterie installée à terre pour cet effet, broch. in-8, 1837. 3 fr.

EXPERIENCES sur différentes espèces de Projectiles creux, faites dans les ports en 1829, 1831 et 1833, broch. in-8, avec un grand nombre de tableaux, 1837. 5 fr.

EXPÉRIENCES auxquelles ont été soumis en 1835, à bord de la frégate *la Dryade*, divers objets relatifs à l'artillerie, broch. in-8, 1837. 2 fr. 50

EXPÉRIENCES sur les Poudres de guerre, faites à Esquerdes, dans les années 1832, 1833, 1834 et 1835, suivies de notices sur les Pendules balistiques et les pendules canons, avec figures et tableaux, broch. in-8, 1837. 5 fr.

EXPÉRIENCES comparatives faites à Gavre, en 1836, entre des bouches à feu en fonte de fer d'origines française, anglaise et suédoise, avec tableaux et dessins, broch. in-8, 1837. 5 fr.

EXPÉRIENCES faites à Esquerdes en 1834 et 1835, entre les Poudres fabriquées par les meules et les poudres fabriquées par les pilons; en conséquence des ordres de M. le lieutenant général vicomte Tirlet, inspecteur général d'artillerie, broch. in-8, 1839. 2 fr. 75

EXPÉRIENCES d'Artillerie exécutées à Gavre par ordre du ministre de la marine, pendant les années 1830, 1831, 1832, 1834, 1835, 1836, 1837, 1838 et 1840. 1 vol. in-4, avec planches, 1841. 10 fr.

EXPÉRIENCES comparatives faites à Brest et à Lorient en 1840, sur les pitons à fourches et les crampes avec manilles, broch. in-8, 1841. 5 fr.

EXPÉRIENCES (suite des) d'Artillerie exécutées à Gavre par ordre du ministre de la marine. Recherches expérimentales sur les déviations des projectiles. Ce rapport est suivi d'un mémoire sur les déviations moyennes des projectiles, 1 vol. in-4, 1844. 6 fr.

EXPÉRIENCES d'Artillerie exécutées à Lorient à l'aide des pendules balistiques par ordre du ministre de la marine, 1 vol. in-4, avec tableaux, 1847. 8 fr.

EXPÉRIENCES sur les artifices de guerre faites à Toulouse en 1820, brochure in-8, 1849. 4 fr.

EXPÉRIENCE DE BAPAUME. Rapport fait à M. le ministre de la guerre par la Commission mixte des officiers d'artillerie et du génie, instituée le 12 juin 1847, pour étudier sur les fortifications de Bapaume, les principes de l'exécution des brèches par le canon et par la mine. Ouvrage publié avec l'autorisation du ministre de la guerre, en date du 24 oct. 1850. 1 vol. in-8, avec 28 planches. 1852. 20 fr.

FABAR, capitaine d'artillerie. L'Algérie et l'opinion, broch. in-8, 1847. 3 fr. 50

—Camps agricoles de l'Algérie, ou Colonisation civile par l'emploi de l'armée, broch. in-8, 1847. 3 fr. 50

FABRE (Élie). Manuel des sous-officiers d'infanterie et de cavalerie à l'usage des écoles régimentaires du deuxième degré, publié avec l'autorisation du Ministre de la guerre. 1 vol. in-18 jésus. 1852. 4 fr.

FAVÉ, capit. d'artillerie. Nouveau système de Défense des places fortes, 1 vol. in-8, avec atlas in-folio, 1841. 12 fr.

—Des nouvelles Carabines et de leur emploi. Notice historique sur les progrès effectués en France depuis quelques années dans l'accroissement des portées et dans la justesse de tir des armes à feu portatives, brochure in-8, 1847. 2 fr. 50

FISCHMEISTER (J.), lieutenant en premier dans le corps R. I. des bombardiers. Traité de Fortification passagère, d'attaque et de défense des postes et retranchements, suivi d'un Appendice sommaire sur les Ponts militaires, à l'usage des écoles d'artillerie d'Autriche, avec atlas, traduit de l'allemand par Rieffel, professeur de sciences appliquées à l'École d'artillerie de Vincennes. 1 vol. in-8, avec atlas, 1845. 15 fr.

FORCE ARMÉE (la) mise en harmonie avec l'état actuel de la société, par un officier étranger, broch. in-8, 1836. 2 fr. 50

FRANQUE, avocat. Lois de l'Algérie du 5 juillet 1830 (occupation d'Alger), au 1er janvier 1841, avec une Table alphabétique des matières, 3 part. in-8, à 5 fr. chacune, 1844. 15 fr.

GALVANI. Nouveaux mémoires sur la fin tragique de Joachim Murat, roi de Naples, illustrés de 2 pl. et d'une carte militaire de l'Italie, in-8. 1850. 5 fr.

GIRARDIN (A. lieutenant général comte de). Des Inconvénients de fortifier les villes capitales et d'avoir un trop grand nombre de places fortes, br. in-8, 1839. 2 fr. 75

GRÆVENITZ (Henning-Frédéric de). Mémoire sur la Trajectoire des projectiles de l'artillerie, suivi de Tables et de Règles pratiques pour la détermination des portées. Traduit par Rieffel, professeur à l'École d'artillerie de Vincennes, broch. in-8, 1845. 4 fr.

GRIFFITHS, capitaine en retraite du corps royal d'artillerie anglaise. Manuel de l'Artilleur anglais, 3e édit., publiée par ordre du gouvernement; traduit de l'anglais par Rieffel, professeur de sciences appliquées, à l'École d'artillerie de Vincennes, 1 vol. in-8, avec planches, 1848. 12 fr.

GRIVET. Examen critique du Projet de loi relatif à l'avancement de l'armée suivi d'un supplément sur le Recrutement de l'armée, contenant un projet d'organisation générale, broch. in-8, 1852. 2 fr.

—Aide-Mémoire de l'ingénieur militaire, ou Recueil d'études et d'observations; comprenant l'histoire, l'organisation et l'administration du corps du génie, les services de paix et de guerre et plusieurs résumés scientifiques sur les mathématiques élémentaires et transcendantes, la mécanique; le dessin linéaire, la géométrie descriptive, le dessin de la carte et de la fortification, la géodésie, l'astronomie, la géologie, la physique et la chimie, 1 fort vol. in-8, avec dix planches, 1839 12 fr. 50

GUIDE pratique pour l'enseignement du service de troupes en campagne dans les écoles de bataillon; par un officier d'infanterie saxonne; traduit de l'allemand par un officier d'état-major, broch. in-12, 1844. 3 fr.

GUIDE pour l'Instruction tactique des officiers d'infanterie et de cavalerie; traduit de l'allemand par L.-A. Unger, avec carte, trois parties in-8 à 5 fr. chacune, 1846. 15 fr.

GURWOOD (colonel). Recueil des principales pièces de la correspondance du feld-maréchal duc de Wellington pendant les dernières guerres; traduit de l'anglais et suivi d'un Résumé historique publié par J. Corréard, ancien ingénieur, directeur du Journal des Sciences militaires, br. in-8, 1840. 3 fr. 50

HAILLOT (C.-A.), chef d'escadron au 15e régiment d'artillerie (pontonniers). Nouvel Équipage de ponts militaires de l'Autriche, la description détaillée, applications, manœuvres diverses et dimensions de toutes les parties de l'équipage de ponts militaires de l'armée autrichienne, conformément aux documents les plus récents; suivi d'un examen critique de ce nouveau système, 1 fort volume in-8, avec atlas in-4 de 43 planches, 1846. 35 fr.

—Instruction sur le Passage des rivières et la construction des ponts militaires, à l'usage des troupes de toutes armes; 2e édit., un vol. in-8, avec un bel atlas. (*Sous presse.*)

HERRERA GARCIA (don José), colonel d'infanterie et lieutenant-colonel des ingénieurs espagnols. Théorie analytique de la Fortification permanente, mémoire présenté à son excellence l'ingénieur général et dans lequel on trouve l'analyse des systèmes de fortification les plus connus et l'explication d'un nouveau système inventé par l'auteur, traduit par Ed. de La Barre Duparcq, capitaine du génie, ancien élève de l'Ecole polytechnique, 1 vol. in-8 avec atlas in-4, 1847. 15 fr.

HISTOIRE résumée de la Guerre d'Alger, broch. in-8, avec portrait, 1830, 1 fr. 50

HOMILIUS, lieutenant-colonel d'artillerie saxonne. Cours sur la Construction et la Fabrication des armes à feu, traduit de l'allemand par Lenglier, capitaine d'artillerie, 1 vol. in-8, avec planches, 1848. 7 fr. 50

HUE de CALIGNY (Louis-Roland). Traité de la Défense des places fortes, avec application à la place de Landau, rédigé en 1723, précédé d'un avant-propos par M. Favé, avec plan; ouvrage orné du portrait de l'auteur, 1 vol. in-8, 1846. 7 fr. 50

HUMFREY (J.-X.), lieutenant-colonel. Essai sur le système moderne de Fortification adopté pour la défense de la frontière rhénane, et suivi en totalité ou en partie dans les principaux ouvrages de ce genre construits maintenant sur le continent; présenté dans un mémoire étendu sur la forteresse de Coblentz, prise comme exemple, et illustré par des plans et coupes des ouvrages de cette place; traduit de l'anglais par Napoléon F., 1 vol. in-folio, 1845. 12 fr.

INSTRUCTION sur le Pointage des bouches à feu, à l'usage des sous-officiers de l'artillerie de la marine, avec Tables supplémentaires pour le tir du canon de 12 court et des obusiers de 0 mètre 22 cent., et 0 mètre 27 cent., broch. in-12, 1844. 1 fr

INSTRUCTION sur le service et les manœuvres de l'Equipage de pont d'avant-garde et de divisions, à l'usage de l'artillerie, approuvée par le ministre secrétaire d'Etat de la guerre le 9 juillet 1840, broch. in-8, 1841. 5 fr.

JACOBI (A.), lieutenant d'artillerie de la garde prussienne. Etat actuel de l'Artillerie de campagne en Europe. Ouvrage traduit de l'allemand, revu et accompagné d'observations par M. le commandant d'artillerie Mazé, professeur à l'Ecole d'application du corps royal d'état-major

Artillerie anglaise. 5 fr. 75
— bavaroise (2 liv.) 11 fr. 50
— française. 5 fr. 75
— néerlandaise. 5 fr. 75
— suédoise. 5 fr. 75
— wurtembergeoise. 5 fr. 75

In-8, 1844-1845-1849, 7 livrais., 40 fr. 25

LA BARRE DU PARCQ (Ed de), capitaine du génie, professeur d'art militaire à l'Ecole de St-Cyr. De la fortification à l'usage des gens du monde, broch. in-8, avec planches, 1844. 2 fr. 50

—Biographie et Maximes de Blaise de Montluc, broch. in-8, 1848. 2 fr. 50

—Utilité d'une édition des OEuvres complètes de Vauban, broch. in-8. 1848. 2 fr. 50.

—Capitaines anciens et modernes, traduit de l'espagnol, du lieutenant-colonel don Evaristo San-Miguel, br. in-8, 1848. 2 fr.

—Le plus grand homme de guerre; dissertation historique, broch. in-8, 1848. 4 fr.

—Considérations sur l'art militaire antique et sur l'utilité de son étude, brochure in-8, 1849. 2 fr. 50 c.

—De la Création d'une bibliothèque militaire publique, broch. in-8, 1849. 2 fr.

—Biographie et maximes de Maurice de Saxe, in-8. 1851. 5 fr.

— Des Études sur le Passé et l'Avenir de l'Artillerie de Louis-Napoléon Bonaparte, Président de la République, in-8. 3 fr.

—Commentaires sur le Traité de la Guerre de Clausewity. In-8. (*Sous presse*).

LABORIA. Notice sur la Défense des côtes maritimes de France, broch. in-8, 1841. 2 fr. 75

—De la Guyane française et de ses colonisations, 1 vol. in-8, 1843. 7 fr. 50

LACABANE (Léon). De la Poudre à canon et de son introduction en France, broch. in-8, 1845. 2 fr.

LAFAY, capitaine d'artillerie de marine. Aide-mémoire d'Artillerie navale, imprimé avec l'autorisation du Ministre de la marine et des colonies, 1 fort vol. in-8, de plus de 700 pages, accompagné de 50 planches gravées sur cuivre avec le plus grand soin. 1850. Broché. 15 fr.

LAGERCRANTZ, officier d'état-major de l'artillerie suédoise. Etude sur le problème balistique. in-8. 1852. 5 fr.

LALANNE (Ludovic), ancien élève de l'École des Chartes. Recherches sur le Feu grégeois, et sur l'introduction de la Poudre à canon en Europe; mémoire auquel l'académie des inscriptions et belles-lettres a décerné une médaille d'or, le 25 septembre 1840; 2e édition, corrigée et entièrement refondue, in-4°, 1845. 7 fr. 50

LAMARE (général). Nouvelles considérations sur les Travaux de défense projetés au Havre, broch. in-8, 1846. 2 fr.

—Essai d'une instruction à l'usage des gouverneurs et commandants supérieurs des divisions militaires et des places en état de paix, de guerre et de siége, in-8. 1851. 5 fr.

LAMBERT. Mémoire sur la Résistance des fluides, avec la solution du problème balistique, 1 vol. in-8, avec pl., 1846. 7 fr. 50

LASSAGNE (Jules), notice sur le Général en chef Magnan. in-8, 1851. 1 fr.

LAVILLETTE. Mémoire sur une Reconnaissance d'une partie du cours du Danube, de l'Inn, de la Salza, et d'une communication entre ces deux rivières. 1 vol. in-8, avec carte, 1839. 6 fr.

LEBOURG (J.-H.), lieutenant-colonel d'artillerie. Essai sur l'Organisation de l'artillerie et son emploi dans la guerre de campagne, 2e édit., revue, corrigée et considérablement augmentée. 1 vol. in-8, avec planches, 1845. 7 fr. 50

LEGENDRE, ancien professeur de mathématiques à l'Ecole royale militaire de Paris, et, depuis, membre de l'académie des sciences de France, etc., etc. Dissertation sur la question de Balistique, proposée par l'académie royale des sciences et belles-lettres de Prusse, pour le prix de 1782, lequel a été adjugé à l'auteur dans l'assemblée publique du 6 juin. 1 vol. in-8, avec planche, 1846. 7 fr. 50

LE MASSON, auteur de *Custoza* et de *Novare*, Venise en 1848 et 1849, un vol. in-8. 1851. 4 fr.

LESPINASSE-FONMARTIN (de), officier de marine. Etude sur la Marine militaire. 1 vol. in-8, 1859. 7 fr. 50

LETTRE du chevalier Louis Cibrario, à son Excellence le chevalier César de Saluces, sur l'Artillerie du XIIIe ou XVIIe siècle, traduite de l'italien et annotée par M. Terquem, professeur aux écoles de l'artillerie, broch. in-8, 1847. 2 fr. 50

LETTRES critiques sur l'armée prussienne, traduites de l'allemand par J. de Clanorie et revues et annotées par Paul Mérat, lieut. d'infanterie. 1 vol. in-8. 1850. 7 fr. 50

LE VASSEUR. Commentaires de Napoléon suivis d'un résumé des principes de stratégie du prince Charles, un v. in-8, 2 parties. 12 fr.

MADELAINE (J.), capitaine d'artillerie. Considérations sur les avantages que le gouvernement trouverait à former dans Paris un établissement pour la construction d'une partie du matériel de guerre (affûts, voitures et attirails d'artillerie), broch. in-8, 1832. 1 fr. 50

—De la Défense du Territoire. Fortifications de Paris, broch. in-8, 1840. 50 c

— Fortification permanente. — Défauts des fronts bastionnés en usage,—Modifications nécessaires,—Bases d'un nouveau système, 1 vol. in-8, 1844. 4 fr.

— Fortification permanente. — Défauts des Fronts bastionnés en usage, supplément au mémoire précédent, br. in-8, 1845. 1 fr. 75

—Fortification de Coblentz.—Observations sur cette place importante.—Examen de l'essai sur le système moderne de fortification adopté pour la défense de la frontière rhénane, présenté dans un mémoire étendu sur la forteresse de Coblentz prise comme exemple, par le lieutenant-colonel Humphrey, traduit de l'anglais par Napoléon F***. Appréciation de la valeur relative des tracés angulaires, comparés aux tracés bastionnés; avec des notes diverses, 1 vol. in-8, 1846. 6 fr.

MANUEL DE LA GARDE NATIONALE. Sous-officiers et gardes nationaux. École du soldat, avec la charge et les feux de fusil à percussion. Maniement de l'armé des sous-officiers et caporaux. Service dans les postes. Entretien dans les armes. 1 vol. in-32 avec pl. 0 fr. 50

MARESCHAL, chef d'escadron d'artillerie. Mémoire sur un nouveau mode de magasin à poudre, brochure in-8, avec planches, 1849. 3 fr.

MARION (général d'artillerie). Vocabulaire hollandais-français des principaux termes d'artillerie, broch. in 18, 1839. 1 fr. 50

—Le même 1840. 1 fr. 50

—Statistique militaire de la Belgique, broch. in-8, 1841. 2 fr.

—De la Force des garnisons, broch. in-8, 1841. 2 fr.

—Notice sur les Obusiers, broch. in-8, 1842. 2 fr. 75

—Journal des Opérations de l'artillerie au siége de Schweidnitz, en 1807, broch. in-8, 1842. 3 fr.

—De l'Armement des places de guerre, avec planche, broch, in-8, 1845. 4 fr.

—Mémoire sur le lieutenant général d'artillerie baron Sénarmont (Alexandre), rédigé sur les pièces officielles du dépôt de la guerre et des archives du dépôt central de l'artillerie, sa correspondance privée et des papiers de famille, 1 vol. in-8, 1846. 5 fr.

MARTIN DE BRETTES, capitaine d'artillerie. Etudes sur les fusées de projectiles creux, brochure in-8, avec fig., 1849. 3 fr.

—Mémoire sur un projet de chronographe électro-magnétique et son emploi dans les expériences de l'artillerie, in-8, avec fig. et planches, 1849. 5 fr.

—Projet de fusée de projectiles creux destinée à être fixée au moment du tir. br. in-8 avec figures, 1849. 2 fr.

—Nouveau système d'artillerie de campagne de Louis-Napoléon Bonaparte. in-8, 1851. 2 fr.

—Des artifices éclairants en usage à la guerre et de la lumière électrique. in-8. 1852. Avec planches. 7 fr. 50

—Coup d'œil sur les études du passé et l'avenir de l'Artillerie de Louis-Napoléon Bonaparte, Président de la République. 1 v. in-8. 1852. 6 fr.

— Études sur les Appareils électro-magnétiques, destinés aux expériences de l'artillerie en Angleterre, en Russie, en France, en Prusse, en Belgique, en Suède, etc., etc. In-8. (*Sous presse*).

MASSAS (de), Chef d'escadron d'artillerie. Etudes sur les Fusils percutants d'infanterie, sur les amorces fulminantes, les approvisionnements de munitions, et les distributions aux soldats en campagne, broch. in-8, 1840. 2 fr. 75

—Mémoire sur les cuivres, étains et bronzes employés pour la fabrication des bouches à feu, 1 vol. in-8, 1850. 6 fr.

—Études sur les aciers dont l'artillerie fait usage. in-8. 3 fr.

MASSE (J.), lieutenant-colonel d'artillerie. Aperçu historique sur l'introduction et le développement de l'Artillerie en Suisse, 1re et 2e partie, avec planches, 2 broch. in-8, 1846. à 3 fr. 50, 7 fr.

MAURICE (baron P.-E. de Sellon), capitaine du génie, ancien élève de l'Ecole polytechnique. Considérations sur l'avantage ou le désavantage d'entourer les villes maritimes de France d'une enceinte continue fortifiée, tirées des résultats pratiques de l'efficacité du tir à la mer, broch. in-8, 1847. 2 fr.

—Examen du nouveau système de Ponts de chevalets proposé par le chevalier de Birago, major au grand état-major général autrichien, suivi de l'exposé d'un nouveau système de ponts militaires à supports flottants, broch. in-8, avec planches, 1847. 2 fr. 50

—Mémoire sur les Angles-morts des retranchements de campagne et sur quelques autres points de la fortification passagère, in-8, avec planches. 1848. 2 fr. 50

—Recherches historiques sur la Fortification passagère depuis les temps les plus reculés jusqu'à nos jours, suivies d'un aperçu sur l'état actuel de cette science et sur le rôle qu'elle est appelée à jouer dans les guerres modernes, 1 vol. in-8, 1849. 4 fr.

—Notice sur l'Essai des propriétés et la tactique des fusées à la congrève, par le colonel d'artillerie A. Pictet, brochure, in-8, 1849. 2 fr.

—Mémorial de l'ingénieur militaire ou analyse abrégée des tracés de fortification permanente des principaux ingénieurs, depuis Vauban jusqu'à nos jours, 1 vol. 8, avec atlas in-folio, de dix-sept planches gravées sur cuivre, 1849. 35 fr.

—Examen de la Fortification et de la Défense des grandes places, par le lieutenant colonel d'artillerie C.-A. Wittich. br. in-8 avec planches. 1849. 2 fr. 50

—Examen du mémoire sur les canons se chargeant par la culasse et sur leur application à la défense des places et des côtes, par Jean Cavalli, major d'artillerie, au service de S. M. Sarde, 1 brochure in-8, avec planches. 1850. 2 fr. 50

—Mémoires sur la Fortification tenaillée et polygonale et sur la Fortification bastionnée, 1 vol. in-4, et atlas grand in-folio. 1850. 25 fr.

—Etudes sur la fortification permanente.

I. Plan et description de la citadelle fédérale de Rastadt, d'après des documents authentiques, examen du tracé des ouvrages définitifs extérieurs et de ceux de l'enceinte. —Appréciation de leur capacité de résistance.— Plan d'attaque dirigée contre le fort Léopold comme étude de travaux de siége contre une place fortifiée, d'après l'école allemande. — Ouvrage destiné à servir de complément aux *Mémoires sur la fortification tenaillée et polygonale*, et sur les tracés bastionnés. In-8 et atlas in-folio. 1851. 15 fr.

II. Examen du Tracé enseigné aux troupes du génie qui font partie du huitième corps d'armée de la confédération germanique et appréciation de la capacité de résistance. —Observations sur le projet de fortification polygonale et à caponnières, présenté par un officier du génie prussien. In-8 avec 2 pl. (en atlas in-folio.). 1851. 10 fr.

— De la défense nationale en Angleterre. Un vol. in-8 avec une carte. 1851. 5 fr.

MAZÉ, commandant d'artillerie, professeur à l'Ecole d'application du corps royal d'état-major. Artillerie de campagne en France, description de l'organisation et du matériel de cette arme en 1845, conforme aux documents les plus récents, et précédée d'observations, 1 vol. in-8 avec 5 planches, 1845. 5 fr. 75

MÉMOIRE sur la Défense et l'Armement des côtes, avec plan et instructions approuvés par Napoléon, concernant les batteries de côtes, et suivi d'une notice sur les tours maximiliennes, accompagnée de dessins, 1 vol. in-8, 1837. 5 fr.

MÉMOIRE sur le Matériel d'artillerie des places, dans ses rapports avec la fortification et les principes généraux de la défense, avec deux planches, broch. in-8, 1838. 2 fr. 75

MÉMOIRES militaires de Vauban, et des ingénieurs Hue de Caligny, précédés d'un avant-propos par M. Favé, capitaine d'artillerie, 1 vol. in-8, avec 3 planches, 1846. 7 fr. 50

MÉMOIRE sur le Jet des bombes, ou, en général, sur la projection des corps, broch. in-8, 1846. 2 fr.

MÉRAT (Paul), lieutenant d'infanterie. Etudes sur l'Organisation de la force publique. I. Projet d'organisation de la réserve combinée avec la mobilisation de la garde nationale, brochure in-8, 1849. 2 fr.

—II. La Justice militaire selon les principes de l'équité, broch. in-8, 1849. 2 fr.

— III. Recrutement et remplacement, in-8. 1850, 2 fr.

— IV. L'avancement et la hiérarchie, in-8. 1851. 2 fr.

—Verdun en 1792, épisode historique et militaire, 1 vol. in-8, 1849. 3 fr.

MERKES (J.-G.-W.), colonel du génie au service de S. M. le roi des Pays-Bas. Essai sur les différentes méthodes, tant anciennes que nouvelles, de construire les murs de revêtement, suivi de Considérations sur les expériences faites en 1834 par l'artillerie saxonne sur les batteries blindées; traduit par Gaubert, chef de bataillon du génie, 1 vol. in-8, avec atlas in-folio, 1841. 12 fr.

—Projet d'un modèle de Magasin à poudre à l'abri de la bombe, d'après une construction nouvelle moins dispendieuse, broch. in-8, avec planches, 1843. 3 fr.

—Projet d'une nouvelle Fortification, ou tentatives d'améliorations dans le système bastionné, destiné pour les seuls fronts d'attaque d'une place, tant pour un terrain bas et humide que sec et élevé. 1 plan in-folio, 1843. 6 fr.

—Résumé général concernant les différentes formes et les diverses applications des Redoutes casematées, des petits forts, des tours défensives et des grands réduits, avec planches; traduit du hollandais par R***, 1 vol. in-8, 1843. 7 fr. 50

—Examen raisonné des progrès et de l'état actuel de la Fortification permanente, traduit du hollandais, 1 vol. in-8, avec plan, 1846. 7 fr. 50

MICALOZ, ingénieur civil, auteur de l'ouvrage anonyme ayant pour titre Exposé succinct de nouvelles idées sur l'Art défensif. Recherches sur l'art défensif, broch. in-8, avec planches, 1838. 3 fr.

— Exposé succinct de nouvelles idées sur l'art défensif, contenant l'aperçu d'une nouvelle théorie sur cet art, et de quelques dispositions propres à confirmer l'efficacité de cette même théorie, suivi d'un appendice, broch. in-8, avec planches, 1838. 5 fr. 75

MOLLIÈRE (le général). Journal de l'Expédition et de la Retraite de Constantine en 1836, broch. in-8, 1837. 4 fr.

—Études sur quelques détails d'Organisation milit. en Algérie. 1 v. in-8, 1845. 5 fr. 75

MONEY (général). Souvenirs de la campagne de 1792, traduits par Paul Mérat, lieutenant au 24e léger, 1 vol. in-8, 1849. 6 fr.

MONHAUPT, général de l'artillerie prussienne. Tactique de l'Artillerie à cheval, dans ses rapports avec les grandes masses de cavalerie; traduit de l'allemand par le général baron Ravichio de Peretsdorf, 1 vol. in-8, avec 8 planches, 1840. 3 fr. 75

MORDECAI (Alfred), capitaine de l'artillerie américaine. Expériences sur les Poudres de guerre faites à l'arsenal de Washington, en 1843 et 1844, publiées avec l'autorisation du gouvernement; traduites de l'anglais par Rieffel, professeur de sciences appliquées à l'Ecole d'artillerie de Vincennes, 1 vol. in-8, avec planches, en deux livraisons, 1846. 20 fr.

MORITZ-MEYER. Manuel historique de la Technologie des armes à feu; traduit de l'allemand par Rieffel, professeur à l'Ecole d'artillerie de Vincennes, avec des annotations et des additions du traducteur, 2 vol. in-8, 1837-1838. 15 fr.

MULLER (François), sous-lieutenant au 36e régiment royal-impérial d'infanterie de ligne, baron Palombini. Traité des Armes portatives ou de toutes les espèces de petites armes à feu et blanches, actuellement (1844) en usage dans l'armée autrichienne, précédé d'un Précis historique, et suivi d'une Instruction sur l'art du Tir; traduit de l'allemand, avec une planche, 1 vol. in-8, 1846. 7 fr. 50

MUSSOT. Tactique militaire. — Des armes blanches, de la cavalerie et particulièrement du sabre de cavalerie de réserve et de ligne, in-8. 2 fr.

—Des compagnies, pelotons et sections hors rang, examen de leurs utilité relative, et des raisons qui militent pour leur suppression. in-8, 1851. 2 fr.

NAVARRO-SANGRAN (général). Système de Pointage généralement applicable à toutes les bouches à feu de l'artillerie; traduit de l'espagnol, avec planche, broch. in-8, 1838. 2 fr. 75

NAVEZ, capitaine à l'état-major de l'artillerie belge. Application de l'électricité à la mesure de la vitesse des projectiles. 1 v. in-8. (*Sous presse*)

NOTE sur quelques Modifications à faire aux bats de l'artillerie de montagne, et note sur les harnais et sur le mode d'attelage de l'artillerie de campagne, par un ancien officier supérieur d'artillerie, broch. in-8, 1837. 1 fr. 25

NOTICE sur la nouvelle Organisation militaire du royaume de Sardaigne, broch. in-8, 1834. 2 fr. 50

OBSERVATIONS sur les Applications du fer aux constructions de l'artillerie, avec planches; broch. in-8, 1835. 3 fr.

OBSERVATIONS sur la réception des effets de harnachement pour les corps d'artillerie, broch. in-8, 1842. 2 fr. 75

OBSERVATIONS sur le projet de loi relatif à l'organisation de l'artillerie, in-8. 1852. 2 fr. 50 c.

ORGANISATION (de l') de l'Artillerie en France, 1re et 2e partie, 1 vol.; 3e partie, 1 vol.; par M***, capitaine d'artillerie, ancien élève de l'Ecole polytechnique, 2 vol. in-8, 1845-1847, à 6 fr. 12 fr.

OTTO (J.-C.-F.), capitaine dans l'artillerie de la garde royale de Prusse. Théorie mathématique du Tir à ricochet, suivie de Tables pour l'application de ce tir, 1833; traduite de l'allemand par Rieffel, professeur à l'Ecole d'artillerie de Vincennes, 1 vol. in-8, 1845. 6 fr.

—Tables balistiques générales pour le Tir élevé; traduites de l'allemand par Rieffel, professeur à l'Ecole royale d'artillerie de Vincennes, 1 vol. in-8, 1845. 7 fr. 50

PARMENTIER (Théodore), capitaine du génie, ancien élève de l'Ecole polytechnique. Vocabulaire allemand-français des termes de fortification, renfermant, en outre, les termes les plus usuels d'art militaire, d'artillerie, de construction, de mathématiques, de mécanique, etc., et la réduction en mesures métriques de toutes les mesures usitées dans les différents états de l'Allemagne, la Hollande, la Suisse, la Suède, le Danemarck, la Pologne et la Russie, 1 vol. in-12. 1849. 3 fr.

—Exposition et description d'un système de fortification polygonale et à caponnières. Essai sur la science de la fortification arrivée à son état actuel de perfectionnement, par un officier du génie prussien, trad. de l'allemand, broch. in-8 avec 2 pl. (en atlas grand in-fol.), 1850. 10 fr.

PASLEY, directeur de l'École du génie de Chatham. Règles pour la conduite des opérations d'un siége, déduites des expériences soigneusement faites; traduites de l'anglais par E. J., 3 parties in-8, avec planches, 1847: chacune 4 fr. 12 fr.

PERARD-BOURLON, lieutenant au 3e chasseurs. Développement moral sur le Service intérieur des troupes, broch. in-8, 1832, 1 fr. 25

PERROT. Carte militaire de l'Empire français indiquant les divisions militaires et leurs chefs-lieux, les garnisons des différents corps de l'armée, tous les établissements de l'artillerie et du génie, les places-fortes, les forts, les routes militaires, les gîtes d'étapes avec les distances qui les séparent, les lieux de distributions de vivres, etc., etc. *Une feuille sur colombier*, 4 fr.—Collée sur toile avec étui. 6 fr.

—Tableau politique de la Pologne. Une feuille sur jésus, enluminée, 1848. Collée sur toile avec étui. 2 fr.

PIDOLL (de), conseiller aulique. Colonies militaires de la Russie, comparées aux confins militaires de l'Autriche; traduites par Unger, broch. in-8, 1847. 3 fr. 50

PISTORIUS. Traité sur l'art de tirer à balles, sans charge de poudre, moyennant une matière chimique renfermée dans la balle même, broch. in-8, 1850. 2 fr.

PITON-BRESSANT. Formules des portées. in-8. 1852. 3 fr.

PLOTHO (Charles de), colonel prussien. Relation de la bataille de Leipzig (16, 17, 18 et 19 octobre 1813); traduite de l'allemand par Philippe Himly, suivi de la relation autrichienne de l'affaire de Lindenau, du combat de Hanau, et accompagnée de notes d'un officier général français, témoin oculaire, 1 vol. in-8, 1840. 6 fr.

— Capitulation de Dantzig; traduite de l'allemand par P. Himly; avec observations critiques, par le général baron de Richemont, directeur des fortifications et commandant du génie pendant la défense de la place, broch. in-8, 1841. 2 fr. 75

POTEVIN (P.-L.), professeur de fortification à l'Ecole d'artillerie de la marine à Lorient. Fortification. Notions sur le défilement, 1 vol. in-folio, 1844. 10 fr.

PRÉTOT (P.-L.), ancien officier supérieur d'Etat-major. Des conventions militaires et de leur exécution habituelle, 1 vol. in-8. 1849. 7 fr. 50

PRÉVAL (général). Observations sur l'Administration des corps, broch. in-8, 1841. 2 fr. 75

—Mémoires sur l'Avancement militaire et sur les matières qui s'y rapportent, 1 vol. in-8, 1842. 9 fr.

Ces mémoires sont précédés d'un avant-propos très-remarquable, contenant, outre l'historique des divers modes d'avancement, une appréciation des graves événements de 1814 et 1815, appuyée de documents officiels peu connus et du plus haut intérêt.

—Sur le recrutement et le remplacement de l'armée. 1 vol. in-8. 1848. 7 fr. 50

—Sur le nouveau projet de loi relatif à l'organisation de l'armée; premières observations, brochure in-8, 1849. 2 fr.

—Mémoire sur le commandement en chef des troupes. 2e édition. 1851. 2 fr. 50

RABUSSON (A). De l'Agrandissement de l'enceinte des fortifications de Paris du côté de l'est, considéré dans ses rapports avec la défense de la ville et avec la défense générale du royaume, 1 vol. in-8, 1842. 4 fr.

—De la Défense générale du royaume dans ses rapports avec les moyens de défense de Paris, 1 vol. in-8, 1843. 6 fr.

RAVICHIO de PERETSDORF, Suite de la notice sur l'Organisation de l'armée autrichienne, broch. in-8, 1834. 2 fr. 50

RELATION de la Défense de Schweidnitz,

commandé par le général feld-maréchal lieutenant de Guasco, et attaqué par le lieutenant général Tauenzein, depuis le 20 juillet jusqu'au 9 octobre 1762, jour de la capitulation; avec une notice de M. Favé, chef d'escadron d'artillerie, broch. in-8, avec plan, 1846. 4 fr.

RÉPONSE à l'auteur de l'Article sur l'état-major général de l'armée, par un officier supérieur en retraite, broch. in-8, 1846. 1 fr. 25

RESSONS (de). Méthode pour tirer les bombes avec succès, broch. in-8, 1846. 2 f.

RETRAITE et destruction de l'armée anglaise dans l'Afghanistan en janvier 1842, Journal du lieutenant Eyre, de l'artillerie du Bengale, sous-commissaire d'ordonnance à Caboul; suivi de notes familières écrites pendant sa captivité chez les Afghans; traduit de l'anglais sur la 3e édition par Paul Jessé, avec plan, 1 vol. in-8, mars 1844. 7 fr. 50

RICHARDOT, lieutenant-colonel d'artillerie. Nouveau système d'Appareils contre les dangers de la foudre et les fléaux de la grêle, broch. in-8, 1823. 1 fr. 25

—Mémoire sur l'emploi de la Houille dans le traitement métallurgique du minerai de fer et sur les procédés d'affinage de la fonte pour bouches à feu et projectiles de guerre, broch. in-8, 1824. 3 fr.

—Essai sur les véritables Principes de la défense des places et l'application de ces principes, broc. in-8, 1838. 2 fr. 75

—Relation de la Campagne de Syrie, spécialement des siéges de Jaffa et de Saint-Jean-d'Acre, 1 vol. in-8, avec atlas in-4. 1839. 10 fr. 75

—Projet (du) de fortifier Paris, ou Examen d'un système général de défense; broch. in-8, 1839. 2 fr. 75

—Réponse aux observations de M. le lieutenant général du génie, vicomte Rogniat, sur l'ouvrage intitulé : du Projet de fortifier Paris, ou Examen d'un système général de défense, broch. in-8, 1840. 2 fr. 75

—Examen de l'ouvrage ayant pour titre : de la Défense du territoire. Fortification de Paris, broch. in-8, 1841. 1 fr. 25

—Un dernier mot sur la Défense de Paris, d'après les principes militaires et stratégiques; suivi d'un résumé relatif au même sujet de la Philosophie de la fortification du lieutenant-colonel du génie Delaâge; broch. in-8, janvier 1841. 2 fr.

—Vauban, expliqué en ce qui concerne les moyens de défense de Paris. Même système, broch. in-8, février 1841. 2 fr.

—Organisation (de l') des principales parties du service de l'Artillerie, broch. in-8, 1842. 2 fr. 75

—Ecole polytechnique. Organisation, régime, conditions d'admission; deuxième article, ou réfutation d'objections diverses et de principes contraires au but de son institution, broch. in-8, 1842. 2 fr.

—Recrutement (du) de l'Armée dans ses rapports avec la faculté du remplacement, le temps de service nécessaire sous les drapeaux, et l'époque des libérations; broch. in-8, 1843. 2 fr. 75

—Etat (de l') de la question sur le Système d'ensemble des places fortes, broch. in-8, 1844. 2 fr.

—Réfutation complète de l'opinion opposée au système des forts détachés sous les deux rapports militaire et politique, broch. in-8, janvier 1844. 2 fr.

—Des conditions de force de l'armée et de sa réserve sans augmentation de dépenses, broch. in-8, 1846. 2 fr.

—Les Batteries à pied montées, mises en mesure de rivaliser avantageusement avec les batteries à cheval, br. in-8, 1846. 2 fr.

—Nouveaux mémoires sur l'Armée française en Egypte et en Syrie, ou la vérité mise au jour sur les principaux faits et événements de cette armée, la statistique du pays, les usages et les mœurs des habitants, 1 vol. in-8, avec plan de la côte d'Aboukir, à la tour des Arabes, 1848. 6 fr.

—Le recrutement de l'armée et de la réserve ramené au principe d'égalité devant la loi, brochure in-8, 1849. 2 fr.

—Réfutation de quelques principaux articles des Mémoires d'Outre-tombe, en ce qui concerne l'armée d'Orient sous les ordres du général Bonaparte, br. in-8, 1849. 2 fr.

RIEFFEL, professeur aux écoles d'artillerie. Description et usage du Télégoniomètre, instrument proposé pour la mesure des angles et des distances à la guerre, avec planche, broch. in-8, 1838. 2 fr. 75

ROCHE (A.), professeur aux écoles d'artillerie de la marine. Traité de Balistique appliquée à l'artillerie navale, avec planches, 1re partie, in-8, 1841. 5 fr.

ROCHE. Des Abus en matière de Recrutement, 2e édition, augmentée d'une réponse à M. Pagezy de Bourdeliac, broch. in-8, 1829. 2 fr.

ROGNIAT (général). Réponse à l'auteur de l'ouvrage intitulé : du Projet de fortifier Paris, ou Examen d'un système général de défense, broch. in-8, 1840. 2 fr. 75

—A l'auteur de la Réponse aux observations du général Rogniat, sur les Fortifications de Paris, broch. in-8, 1840. 1 fr. 25

ROGUET (le général comte). Des Lignes de circonvallation et de contrevallation, avec planches, 1 vol. in-8, 1832. 4 fr.

—De l'Emploi de l'armée dans les grands travaux civils, broch. in-8, 1834. 2 fr.

—De la Vendée militaire, avec carte et plans, 1 vol. in-8, 1834. 8 fr.

—Essai théorique sur les Guerres d'insurrection, ou suite à la Vendée, 1 vol. in-8, 1836. 8 fr. 50

—Expériences sur le Pétard, faites à Metz, broch. in-8, avec planche, 1838. 2 fr.

RUDTORFFER (colonel). Géographie militaire de l'Europe; traduite de l'allemand par Unger, 2 vol. grand in-8, à 2 colonnes, 1847. 20 fr.

— (*Sous presse*) Atlas composé de vingt cartes dressées spécialement pour l'intelligence du texte de Rudtorffer. 1852.

RYCKMANS. Mémoire sur un projet de Casemate mobile, broch. in-8, avec planche, 1832. 1 fr. 25

SAINTE-CHAPELLE (Ch.). Éléments de Législation militaire, améliorations des retraites anciennes et nouvelles, avec amortissement de leur charge au profit de l'État et de l'armée, broch. in-8, 1836. 3 fr.

SALVADOR (Gabriel). Recherches sur l'origine et l'usage de la poudre à canon en Orient, traduites de l'anglais, in-8. 2 fr.

—Agitation pour la Défense nationale en Angleterre 1 vol. in-8. (*Sous presse.*)

SCHARNHORST (général). Traité sur l'Artillerie; traduit de l'allemand, par M. A. Fourcy, ancien officier supérieur d'artillerie, bibliothécaire à l'Ecole polytechnique; revu et accompagné d'observations, par M. le commandant d'artillerie Mazé, professeur à l'Ecole d'application d'état-major, publié en 9 livrais., formant 3 vol. petit in-4, 1843. 31 fr. 75

SCHWINCK, major au corps royal des ingénieurs de l'armée prussienne. Les Eléments de l'art de fortifier; Guide pour les leçons des écoles militaires et pour s'instruire soi-même; traduit de l'allemand par Théodore Parmentier, officier du génie ancien élève de l'Ecole polytechnique.

Première partie. Fortification passagère, 1 vol. in-8, avec atlas in-4, 1846. 10 fr.

Seconde partie. Fortification permanente, 1 vol. in-8, avec atlas in-4, 1847. 10 fr.

SICARD. Atlas de l'histoire des institutions militaires des Français, composé de plus de 200 figures, 1 vol, grand in-8. 10 fr.

SIMMONS (T.-F.), capitaine de l'artillerie royale anglaise. Considérations sur les Effets de la grosse artillerie employée par les vaisseaux de guerre et dirigée contre eux, spécialement en ce qui concerne l'emploi des boulets creux et des bombes; traduit par E. J., avec 3 planches, 1 vol. in-8, 1846. 7 fr. 50

—Considérations sur l'Armement actuel de notre marine. Supplément aux considérations sur les Effets de la grosse artillerie employée par les vaisseaux de guerre et dirigée contre eux; traduit par E. J., broch. in-8, 1846. 3 fr.

SPLINGARD, capitaine d'artillerie belge. Notice sur une Fusée Shrapnell, broch. in-8, avec planche, 1848. 2 fr.

SUSANE (Louis). Histoire de l'ancienne infanterie française, avec atlas renfermant la série complète, dessinée par Philippotaux, et coloriée avec beaucoup de soin, des uniformes et des drapeaux des anciens corps de troupes à pied. — L'ouvrage sera composé de huit volumes in-8 de texte et de 150 planches.— Cette publication paraîtra par livraisons d'un volume de texte et d'un cahier de planches, au prix de 15 fr. — Il paraîtra un volume de texte et un cahier de planches tous les deux mois. — Les tomes I, II, III. IV, V et VI, avec les planches sont en vente au prix de 90 fr.

TABLES du tir des bouches à feu de l'artillerie navale, déduites des expériences de Gavre, et publiées par ordre du Ministre de la marine, broch. in-8, 1841. 75 c.

TARTAGLIA (Nicolas). La Balistique, ou Recueil de tout ce que l'auteur a écrit touchant le mouvement des projectiles et les questions qui s'y rattachent, composé des deux premiers livres de la Science nouvelle (ouvrage publié pour la première fois en 1537), et des trois premiers livres des Recherches et Inventions nouvelles (ouvrage publié pour la première fois en 1546); traduit de l'italien avec quelques annotations, par Rieffel, professeur à l'Ecole d'artillerie de Vincennes, avec planches, 2 parties in-8, 1845-1846. 11 fr. 50

TERNAY (le marquis de), colonel. De la Défense des Etats par les positions fortifiées, ouvrage revu et corrigé sur les manuscrits de l'auteur par Mazé, professeur du cours d'artillerie à l'Ecole d'état-major, 1 vol. in-8. 7 fr. 50

THIÉBAULT (lieutenant général baron). Journal des Opérations militaires et administratives des siéges et blocus de Gênes; nouvelle édition, ouvrage refait en son entier avec addition d'un second volume comprenant un grand nombre de pièces inédites officielles et d'une haute importance, 2 vol. in-8 avec carte et portraits, 1847. 16 fr.

« Ce journal doit être lu en son entier et « médité par tous les militaires appelés à « défendre les places, comme une source « d'instructions précieuses, comme un mo« dèle admirable de constance et d'intrépi« dité (CARNOT). » — « J'ai lu le Journal du « blocus de Gênes, c'est un bon ouvrage, « j'en ai été content, et tout le monde doit « l'être (NAPOLÉON). »

THIÉRY (A.), chef d'escadron d'artillerie. Description des divers Systèmes à percussion et des étoupilles à friction adoptés jusqu'à ce jour en France et à l'étranger; Sachets en étoffes ininflammables, broch. in-8, 1839. 2 fr. 75

—Applications du fer aux constructions de

l'artillerie; seconde partie, 1 vol. in-4, avec atlas in-folio, 1841. 20fr.

THIROUX, chef d'escadron d'artillerie. Réflexions et études sur les bouches à feu de siége, de place et de côte, 1 vol. in-8, avec figures et planches, 1849. 7 fr. 50 c.

—Observations et vues nouvelles sur les fusées de guerre. br. in-8, 1850. 2 fr.

—Observations sur l'emploi de la poudre fulminante dans les projectiles creux, in-8. 2 fr.

—Essai sur le mouvement des projectiles, dans les milieux résistants.
1er Cahier.—Partie théorique, in-8. 4 fr.
2e Cahier.—Partie pratique. (*Sous presse*).

TIMMERHANS (C.), lieutenant-colonel de l'artillerie belge. Expériences comparatives faites, à Liége en 1839, entre les carabines à double rayure et les fusils de munition, avec tableaux, broch. in-8, 1840. 3 fr. 75

TIRLET (le lieutenant général vicomte), pair de France. Des Places de guerre, broch. in-8, 1841. 2 fr.

TRAITÉ DE LA RÉCEPTION des effets de harnachement pour les corps d'artillerie. br. in-8, 1850. 2 fr. 50

TRAITÉ des Reconnaissances militaires, ou Reconnaissance et description du terrain au point de vue de la tactique, à l'usage des officiers d'infanterie et de cavalerie; traduit de l'allemand par L. A. Unger, professeur au Collége de Juilly, 1 vol. in-8, 1846, en 2 livraisons de 5 fr. 75 c. chacune. 11 fr. 50

TREADWELL. Notice succincte sur un canon perfectionné et sur les procédés mécaniques employés à sa fabrication; traduite de l'anglais par M. Rieffel, professeur de sciences appliquées à l'École d'artillerie de Vincennes, in-8, 1848. 2 fr.

UNGER. Histoire critique des exploits et des vicissitudes de la cavalerie pendant les guerres de la Révolution et de l'Empire, jusqu'à l'armistice du 4 juin 1813, 2 vol. in-8, 1849. 12 fr.

VANDEN BROECK (Victor), docteur en médecine. Des Dangers qui peuvent résulter de l'emploi des armes à percussion dans les régiments d'infanterie de ligne, brochure in-8, 1844. 3 fr.

VAUBAN. Ses Oisivetés et Mémoires inédits 3 vol. in-8. 19 fr.
Chaque volume se vend séparément :
1 vol. contenant le tome IV augmenté de mémoires inédits tirés du tome II, in-8, 1842. 7 fr. 50
1 vol. contenant les tomes I, II, III, in-8, 1843. 7 fr. 50
1 vol. contenant la fin des tomes II et III, in-8, 1843. 4 fr.

VAUDONCOURT (Général de). De la Législation militaire dans un État constitutionnel, broch. in-8, 1829. 1 fr. 50

— Essai sur l'Organisation défensive militaire de la France, telle que la réclament l'économie, l'esprit des institutions politiques et la situation de l'Europe, broch. in-8, 1835. 4 fr.

WITTICH, major de l'artillerie prussienne. De la Fortification et de la Défense des grandes places; traduit de l'allemand par Ed. de La Barre-Duparcq, capitaine du génie, broch. in-8, avec planches, 1847. 4 fr.

XYLANDER (le chevalier J.), major au corps royal des ingénieurs de Bavière, chevalier de plusieurs ordres, membre de l'Académie royale des sciences militaires de Suède, docteur en philosophie. Etude des Armes, 3e édition avec deux planches, augmentée par Klémens Schédel, capitaine au régiment royal d'artillerie bavaroise, prince Luitpold, professeur de tactique au corps royal des Cadets; traduit de l'allemand par M. D. d'Herbelot, capitaine d'artillerie; revu, complété et suivi d'un Vocabulaire des Armes, avec planches; 3 parties in-8, 1846-1847, chacune 4 fr. 12 fr.

ZASTROW (de). Histoire de la Fortification permanente ou Manuel des meilleurs systèmes, ou manières de fortification, traduit de l'allemand sur la 2e édition, par Ed. de La Barre Duparcq, capitaine du génie, ancien élève de l'Ecole polytechnique, 2 vol. in-8, et atlas in-fol., 1848. 20 fr.

ZÉNI et DESHAYS, officiers supérieurs d'artillerie de la marine française, voyageant en Angleterre par ordre. Renseignements sur le Matériel de l'artillerie navale de la Grande-Bretagne et les fabrications qui s'y rattachent, recueillis en 1835; publication faite avec l'agrément du ministre de la marine et des colonies, 1 vol. in-4, avec atlas in-folio, 1840. 30 fr.

ZOLLER (de), lieutenant-général, commandant en chef du corps de l'artillerie bavaroise. Description d'une éprouvette portative inventée par lui et exécutée en 1847, par Gaspard Fricher maître ouvrier mécanicien de la compagnie d'ouvriers; traduit de l'allemand, par Ed. de La Barre Duparcq, capitaine du génie, ancien élève de l'École polytechnique, br. in-8, avec 5 planches, 1849. 4 fr.

COURS DE DESSIN TOPOGRAPHIQUE,

A l'usage des Officiers et Sous-Officiers d'Infanterie et de Cavalerie, des Élèves des Lycées, des Élèves des Écoles préparatoires et des Maisons d'éducation.

Ouvrage au moyen duquel on peut apprendre le dessin topographique sans le secours d'un maître, et comme tel, très-utile à donner en prix aux lauréats de l'Université et de tous les établissements d'instruction publique, jeunes gens auxquels il servira de sujet instructif, de distraction pendant leurs vacances.

Publié d'après les meilleurs documents dus à MM. les Officiers d'état-major et à MM. les Dessinateurs du Dépôt de la Guerre.

PAR J. CORRÉARD, ANCIEN INGÉNIEUR.

1 vol. in-4 oblong, composé de 24 dessins coloriés avec le plus grand soin, avec texte en regard. 25 fr.
Toutes les planches se vendent séparément, en noir. 25 c.
Idem, en couleur. 1 fr.
La planche nº 21 grand in-folio se vend aussi séparément, en noir. 1 fr.
Idem, idem, en couleur. 3 fr.

RECUEIL DES BOUCHES A FEU LES PLUS REMARQUABLES,

DEPUIS L'ORIGINE DE LA POUDRE A CANON JUSQU'A NOS JOURS,

Commencé par M. le général d'artillerie MARION,

Et continué, sur les documents fournis par MM. les Officiers des armées françaises et étrangères, par MARTIN DE BRETTES, Capitaine d'artillerie, J. CORRÉARD, directeur du *Journal des Sciences militaires.*

L'ouvrage sera divisé en trois parties :
La première partie sera composée des planches 1 à 80 (livraisons 1 à 20);
La deuxième partie sera composée des planches 81 à 100 (livraisons 21 à 25);
La troisième partie sera composée des planches 101 à 120 (livraisons 26 à 30).

Cette publication se fera par livraisons successives de quatre planches grand in-folio, accompagnées de texte in-4°. Vingt-trois livraisons sont en vente au prix de 15 fr. chacune. Les livraisons 24 à 30 qui terminent l'ouvrage paraîtront prochainement.

Le supplément à la 1re partie est composé de 10 planches (80 A à 80 J) qui seront données gratis aux premiers souscripteurs. Mais aussitôt que l'ouvrage sera terminé, les nouveaux souscripteurs paieront ce supplément à raison de 3 fr. 75 la planche.

JOURNAUX MILITAIRES.

JOURNAL des Sciences militaires des armées de terre et de mer.

Ce recueil, qui paraît depuis vingt-sept ans, est répandu en France et à l'étranger et renferme tout ce qui a rapport aux sciences militaires, histoire, tactique, etc.: il est publié sur les documents fournis par les officiers des armées françaises et étrangères, par J. Corréard, ancien ingénieur.

L'année se compose de 12 numéros paraissant de mois en mois par cahier de 10 à 12 feuilles.

Prix de la souscription :
Paris. 42 fr.
Départements. 48 fr.
Etranger. 54 fr.

Nota. Chaque année écoulée se vend 42 fr.
Chaque numéro séparé se vend 5 fr.

JOURNAL des Armes spéciales et de l'Etat-major.

Ce recueil, qui paraît depuis dix-sept ans, est spécialement consacré aux questions d'artillerie et de génie. Depuis 1847, chaque numéro contient en outre, des articles sur le Corps royal d'état-major.

L'année se compose de 12 numéros paraissant de mois en mois, par cahier de 5 à 6 feuilles.

Prix de la souscription :
Paris, 20 fr.
Départements. 24 fr.
Etranger, 28 fr.

Nota. Les années 1834 à 1846 se vendent soit réunies, soit isolées, chacune 15 fr.
Les années 1847 à 1852, qui forment une nouvelle série, se vendent, soit réunies, soit isolées, chacune 20 fr.
Chaque numéro séparé se vend 3 fr.

JOURNAL de l'Infanterie et de la Cavalerie, 1834-1835, 2 vol. in-8, avec cartes, plans, dessins, portraits, costumes militaires, etc. 10 fr.

Imprimerie de COSSE et Cie, rue Christine, 2, Paris.

www.ingramcontent.com/pod-product-compliance
Lightning Source LLC
Chambersburg PA
CBHW052043270326
41931CB00012B/2609
* 9 7 8 2 0 1 9 5 3 7 9 8 2 *